의료 인문학 산책

| 심정임 隨想錄 |

의료 인문학 산책

| 서문 |

과학적이며 인간적인 의사의 길

여기 의학도들의 숨김없는 고백을 가감 없이 세상에 내보낸다.

의사가 되고자 치열한 시간을 보내는 이 젊은이들이 무엇을 느끼고 고뇌하는가를 일별할 수 있겠다. 세상과 소통하고 발 딛고 있는 이 세상을 좋게 만들고 싶어 애태우는 글을 읽고 혼자 보기 아까워 과제로 제출했던 에세이들을 그대로 묶어 보았다. 이 혼돈의 시기에 의학에 매진하는 젊은이들의 내면의 소리를 세상에 알리고 싶었다. 이 젊은이들이 정작 어떤 의사가 되어 어떻게 미래에 의료계의 발전에 기여할지, 한 걸음 더 나아가서 사회적 책무를 얼마나 혁혁하게 이룩할지 나는 알지 못한다. 또한 이들의 역량이 만개하여 대활약의 꽃을 피우는 그 광영을 나는 보지 못할 것이다. 어떤 의사가 될지 장담할 수는 없으나 적어도 이 젊은이들이 피 끓는 젊은 날 가혹한 COVID-19의 충격 속에도 좋은 의사를 꿈꾸고 순백한 영혼의 소리에 귀 기울이며 마음속 선서를 다짐한 그 경건한 시간을 붙잡아 두고 격려해주고 싶었다. 먼 훗날 이들이 의사가 되어 고된 삶의 현장에서 젊은 날을 돌아보고 회심의 미소를 지으며 자신과의 약속을 상기하며 더욱 힘차게 인술을 펼치는 과학적이며 동시에 인간적인 의사의 길을 간다면 나의 희원은 이미 싹을 티우고 잎이 무성해 지리니⋯.

교재로 추천한 투르게네프의 『아버지와 아들(들):Fathers and Sons by Ivan Sergeii Turgenev』에 대한 학생들의 글은 대체로 세대 간의 갈등을 중심으로 각자 자신의 관점에 따라 다양하게 비판의 날을 세우고 있음을 우리는 만나게 된다. 갈등구조의 배경이 된 19세기 러시아의 시대적 배경에 대한 이해와 더불어 주인공들의 개성과, 특히 주인공 바자로프에 대한 학생들의 관심은 폭발적임을 알 수 있다. 거의 많은 학생들이 아버지와 아들을 읽고 진지하게 밤을 새워 에세이를 써서 비호같이 보내왔다. 이 작품을 통해 작가정신 내지 작가의 사명이 러시아의 구체제를 변혁시키는 기폭제가 된 정황을 어렴풋이나마 알아차렸다면 의료 인문학의 두 시간 강좌의 목적은 보답이 되었다 하겠다. 일견 무례하고 종잡을 수 없는 언행을 하는 사랑과 낭만을 일체 부정하고 오로지 과학만이 미래의 러시아 사회 모순을 타개할 신조로 여기며 내면의 열정을 외면하던 바자로프도 결국 죽음 앞에 겸허히 사랑의 감정을 피를 토하듯 토로하고 생을 마감하는 임종 장면은 언제 읽어도 가슴 저린다. 하물며 오월의 참나무 순 같은 청순한 젊은이들의 영혼에 이 주인공들이 뿜어대는 열기가 얼마나 감격적이랴?

  응용과학자들에게 느닷없이 고전을 읽게 하고 특히 창연한 러시아 소설을 읽게 한 저의는 바자로프란 인물의 강력한 매력에 사로잡힌 탓이다. 통념을 거부하고 아직 모순과 당착의 허물이 많더라도 그의 마음속 깊은 곳에 사람에 대한 근본적 인애가 깃든 사람 그런 영혼의 주인을 우리는 의사에게 기대하기 마련이다. 그 예를 우리는 바자로프에게서 조우하게 된다. 이 점 투르게네프의 천재성이 다시금 회자되는 대목이라 하겠다.

  친구 아카디의 큰아버지 파벨과 결투를 하게 되고 당시 결투의 규칙대로 양측 증인을 세우고 출발 신호 후 십오 보 거리에서 각자 상대방을 향해 방아쇠를 당긴다. 결과는 빗나간 총알이 관통하지 않고 다리의 가벼운 찰과상으로 파벨이 기절하게 된다. 이 때 두 번째 발사를 하지 않고 파벨에게 달려가는 바자로프의 모습에 어린 시절의 나는 매료魅了당했다. '그래 규칙은 어디까지나 규칙일 뿐 사람 목숨을 바꿀 만큼 중요한 가치가 있는 것은 아냐. 바자로프는 참 잘했어. 그까짓 규칙이 무슨 대수라고. 사람의 목숨이 우선이지.' 파벨이 무안도 하고 당혹하여 왜 마저 발사하지 않았느냐고 힐난하니 '나는 의학도로서 환자의 부상을 치료할 뿐이다'라는 답변을 퉁명스럽게 던진다. 온갖 아첨과 교언과 술수와 뇌물이 통하는 혼탁한 세상에서 이런 인물이 한 명이라도 있다면 이 아니 기꺼운 일인가! 더욱이 의사를 열망하는 의학도들에게는 두고두고 가슴에 새겨야 될 덕목 아닌가.

　몇몇 학생은 괴테의 글을 읽고 특히 『이태리 여행기』를 읽고 진지하게 괴테 정신을 만나는 경험을 피력하고 있다. 무릎을 치게 만드는 감성의 글을 독자는 접하리라. 『시와 진실』과 에커만의 『괴테와의 대화』를 읽고 거론한 학생들 모두 질풍노도의 젊은이로서 르네상스적 관점을 지니고 성찰의 눈을 부릅뜨고 우리에게 그들만의 찬란한 내면을 풀어낸다.

졸저拙著를 찾아 읽은 세 학생들은 남다른 호기심으로 책을 읽은 듯한데, 글을 쓴 작가의 마음속을 들어갔다 나온 듯 일치하여 작가로서 경이로운 체험이었다. 책이라고 펴냈지만 영 부끄러워 두 번 다시 쳐다보지도 않는 내 책은 굳이 학생들 교재로 추천하지도 않았었다. 지난해 촉박하게 과제를 낸지라 마음에 걸려 혹 『아침 무지개를 꿈꾸며』도 있다는 정도로 알려 주었던 것을….

우연히 의료 인문학 강의를 맡게 된 지도 어느덧 십여 성상이 되었다. "의료비로 인한 부담으로 수술을 받지 못하는 환자에게 의사가 잔인한 말을 하지 않아도 되는 이상적인 제도를 만들겠다"는 난만爛滿한 글을 읽고 내가 오히려 큰 위로를 받았던 학생도 있었다. 무력한 선배들이 미처 하지 못한 모순과 불합리한 제도를 이들이 충천하는 기상과 패기로 쇄신해 가리라는 희망은 또 얼마나 통쾌한지! 매년 빛나는 의학생들의 글은 한국여자의사회 홈페이지 대화방에 올려 그때그때 대선배들의 치하를 받았다. 더 일찍 책을 상재上梓하지 못한 나의 타태惰怠가 마음에 걸리나 그러나 흘러간 세월을 어찌 되돌릴 수 있으리오? 계묘년에 이르러서야 책을 펼쳐 학생들의 열망에 일말의 보답이 된다면 연자로서 나의 기쁨은 하늘을 찌르리라.

 유례없는 COVID-19의 창궐로 온 지구촌이 대재앙을 겪는 때에 학창생활의 낭만도 없이 비대면 강의 속에서도 열의를 잃지 않고, 아니 더욱더 맹렬하게 미래를 향해 웅비했던 이 젊은 의학생들에게 토마스 모어 경(Sir Thomas More)의 '자신을 위한 기도' 첫줄에 지금 만개한 모란꽃 향기를 보낸다.

"주여! 저에게 건강을 주시되 필요한 때 의미 있게 쓸 수 있도록 건강을 보전保傳케 해주소서!"

2023년 5월
우당 심정임 識

| 격려사 |

『의료 인문학 산책』 발간을 축하드리며

    2022년 1월, 의과대학장직을 맡은 지 얼마 되지 않아 전임 동창회장 선배님으로부터 전화를 받았다. 학생들이 의료 인문학 수업에서 작성한 에세이를 책자로 발간하고자 하셨다. 오랜 기간 동안 의과대학에 근무하였지만 의료 인문학에 대하여 깊이 생각해 볼 기회가 많지 않은 상황에서 학생들이 어떠한 생각을 하고 있는지 궁금했다.

    학생들이 작성한 에세이를 읽어보기 시작했다. 책을 읽고 느낀 점을 작성하였기에 모두 같은 내용일 것 같았지만 나의 생각과 다르게 학생들은 다양한 의견을 에세이에 표현하였다.

    이 책은 후배 의학도들이 책을 읽고 각자가 느낀 점을 에세이로 작성하여 다른 의학도들과 생각을 공유하고 이견을 나눌 수 있어 좋았다. 이러한 에세이가 나오게 된 것은 의료 인문학을 강의해 주신 심정임 선배님의 정성과 노고가 뒤에 있었기 때문이다.

    이렇게 주제를 가지고 에세이를 쓰는 것은 인생을 먼저 살아왔고 많은 경험을 가지고 계신 선배님의 아이디어로 시작되었고, 이런 방식은 후배들이 인생을 살아가는 데 필요한 지혜를 얻을 수 있는 좋은 방법이라 확신한다. 특히 어떠한 주제를 정해 놓고 토의하고 각자의 생각을 펼치는 데 도움이 돼 줄 것이라 생각한다.

의료인이 되기 위해서는 의학적 지식 이외에 사회적 갈등을 해소하기 위한 지혜가 필요하다. 구세대와 신세대 간의 견해 차이, 의료인과 비의료인 간의 이해 차이, 또는 의견이 달랐을 때 결정하는 과정에 대한 노력과 판단의 철학이 항상 필요하다. 의학도들이 의술을 베풀면서 느낄 수 있는 사회적 갈등, 생명의료에 대한 윤리적 갈등, 의료행위에 대한 사회경제적 측면 등을 생각할 수 있는 좋은 기회가 되길 바라며, 행복한 삶을 위하여 어떠한 가치관과 철학이 필요한지 생각해 보는 좋은 기회가 되었길 바란다.

2022년 1월
충남의대학장 전병화

| 차례 |

서문 | 과학적이며 인간적인 의사의 길 ················ 4
격려사 | 발간을 축하드리며_전병화 학장············· 10

제1부 의료 인문학

제1장 **강의노트**

투르게네프 소개 ···························· 18
투르게네프와 19세기 러시아-길고 긴 애증관계 ····· 24
괴테와의 대화 ······························ 35
괴테의 혜안 ······························· 38
괴테의 이탈리아 기행 ························ 42
모든 위대함은 ····························· 44
괴테의 색채론에 대한 논쟁 ···················· 49
연자의 변 ································· 54
감사의 인사 ······························· 60

제2장 **의학**과 **문학**의 만남

강대규 | 『아버지와 아들』을 읽고 ················· 66
김영식 | 트루게네프의 『아버지와 아들』을 읽고 ······ 68
김지완 | 구세대와 신세대의 화해 ················· 69
박진배 | 괴테의 『이태리 기행』을 읽고··············· 72
배형우 | 투르게네프 『아버지와 아들』 ············· 74
백지우 | 앞서 걸어간 사람이 길을 만들어 주듯······· 76

손원빈 | 『괴테와의 대화』를 읽고 · · · · · · · · · · · · · · · · · · · 78
송누리 | 트루게네프의 『아버지와 아들』을 읽고 · · · · · · 81
양승운 | 서로 이해와 존중을 · 84
양승유 | 우리가 아는 그 괴테가 되기까지 · · · · · · · · · · · 86
이승민 | 인간은 타인의 존재에 의해 성립된다 · · · · · · · · 89
채정원 | 『아버지와 아들』 · 92
최경민 | 세대차이는 당연한 것 · · · · · · · · · · · · · · · · · · · 94
최동균 | 투르게네프 『아버지와 아들』 · · · · · · · · · · · · · · 97
최동욱 | 괴테의 『이탈리아 기행』 · · · · · · · · · · · · · · · · · 101

제3장 의료 에세이

강대규 | 의료 인문학/코로나19가 가져온 충격 · · · · · · 106
김영식 | 의료와 문학/COVID-19의 충격에 대해서 · · 108
김지완 | 의료 인문학/COVID-19의 충격에 대해서 · · 111
박진배 | 의료 인문학/COVID-19의 충격 · · · · · · · · · · · 113
배형우 | 의료 인문학/COVID-19의 충격 · · · · · · · · · · · 116
백지우 | COVID-19의 충격 · 118
손원빈 | 의료 인문학/COVID-19의 충격에 대해서 · · 121
송누리 | 의료 인문학/COVID-19의 충격 · · · · · · · · · · · 123
양승유 | 의료 인문학에 대해/COVID-19의 충격 · · · · 127
이승민 | 의료 인문학에 대해/COVID-19의 충격 · · · · 130
최경민 | 의료 인문학/COVID-19의 충격 · · · · · · · · · · · 132
최동균 | 의료 인문학/COVID-19의 충격 · · · · · · · · · · · 138
최동욱 | 의료 인문학/COVID-19의 충격 · · · · · · · · · · · 151

제2부 한낮의 산책길

한낮의 산책길······················· 156
무성서원-단정하고 검소한 서원················ 159
다시 찾은 명재고택···················· 166
종학당과 고르바초프···················· 171
백제 유적 왕궁리 소묘··················· 177
퇴계와 훈데르트바서···················· 186
바드스테나의 추억···················· 191
리마 청년-나의 잊을 수 없는 외국인··········· 202
샛별 순교자······················ 208
워즈워드 찬가······················ 211
나날이 기적······················ 217
유월이 오면······················ 221
현충일 단상······················ 223
헌사獻辭························ 229

에필로그 | 겨울이 오면 봄도 머지않으리·············234

제1부

의료 인문학 산책

의료 인문학 산책

제1장

강의노트

제1장에서는 의료인문학 수업의 교재로 추천했던 투루게네프의 『아버지와 아들』 『괴테와의 대화』 등에 대해 살피고, 필자의 생각을 적었다.

투르게네프 소개

작자의 생애

투르게네프(Ivan Sergeevich Turgenev)는 1818년에 중부 러시아의 오를르시市에서 태어나, 어머니의 영지領地 스파스코예에서 유년 시절을 보냈다. 아버지는 구 귀족舊貴族의 집안이지만 가난한 미모의 사관士官이었고, 어머니는 농노農奴를 5천 명이나 거느린 대지주大地主로서, 아버지보다 6살 위였는데, 이 부자연스러운 결혼은 돈을 위한 것이었다. 폭군적인 여지주女地主와 학대를 받는 농노들의 비참한 모습은 소년 이반의 마음에 깊은 상처를 남겨 주었다. 아버지나 어머니의 모습은 「첫사랑」 「무무」 등의 작품에서 묘사되고 있다.

그는 15살 때에 모스크바 대학 문학부에 들어갔고, 다음해 페테르부르크 대학으로 옮겼다. 농노제의 폐지를 꿈꾸는 민주주의의적 경향을 띤 청년으로서 문학 서클에 출입하였고, 바이런 풍風의 낭만주의적 시작詩作에 열중하였다. 졸업 후에는 베를린 대학에 유학하여 바쿠닌, 게르첸 등과 함께 헤겔 철학에 몰두하였고, 서구 문화의 가치에 대한 안목이 열리고, 서구파로서의 위치를 굳혔다. 그는 벨린스키의 영향을 받아 러시아의 현실을 주시하는 사실주의의 경향을 띠고, 「사냥꾼의 수기」로 작가로서의 지위를 확립하였다. 그가 이 작품으로 농노해방을 위하여 싸우고자 한 소년 시절의 맹세를 이행하였다는 것은 유명하다.

그는 1840년대 러시아 지식인의 의식의 흐름, 정신사를 씀으로써 그들의 사명을 역사에 정착시키는 것을 자기 문학의 사명으로 삼았고, 장편 제1작 「루진」(55년)으로 1840년대 이상주의자들의 모습과 사명을 역사 위에 정착시키는 데 성공하였다. 이어 「귀족의 보금자리」로 몰락해 가는 귀족의 만가輓歌를 향수 어린 어조로 읊음으로써, 귀족의 역사적 사명에 종지부를 찍었다.

「아버지와 아들」로 40년대의 관념의 세대와 60년대의 잡계급雜階級 출신 세대의 충돌을 묘사함으로써, 러시아를 이끌어갈 기수旗手의 교체를 강조하였다. 농노해방의 전 해에 「그 전날 밤」을 써서, 새로운 러시아를 걸머질 의지와 행동의 인간상의 출현을 예고하였다. 이 밖에도 농노해방 이후의 러시아의 혁신과 중도파의 소란스러운 사회 정세를 국외에서 관망하고, 허무하고 무익한 유희라고 한탄한 「연기」 나로드니키 운동의 파멸을 그린 「처녀지」 등 장편이 있다.

그는 25살 때 오페라 가수 폴린 비아르도(1821~1910)를 안 이래, 조국을 버리고 항상 그녀 곁에 있으면서, 1883년 파리 교외의 별장에서 그녀의 보살핌을 받으면서 65살의 생을 마칠 때까지, 기묘한 우정을 지속하였다. 일생 동안 결혼을 하지 않았고, 연로하여도 자신의 보금자리를 가지지 않았다.

영혼의 위험을 맞이한 인간의 가슴속에 피어오르는 향수鄕愁의 시

詩라고도 할 「산문시」는 시인으로서의 투르게네프의 대표작이다.

아버지와 아들(Fathers and Sons)

1859년의 봄, 대학을 졸업한 아르카지이가 친구 바자로프를 데리고 아버지 니콜라이의 농장으로 돌아온다. 도착한 다음 날부터 신구양세대新舊兩世代의 대립이 시작된다. 아무런 생산적인 활동도 하지 않고, 이상주의적인 공론만을 능사로 하며, 무위도식하는 귀족의 취미의 파벨(니콜라이의 형)을 바자로프는 증오한다. 파벨은 바자로프의 무례한 태도를 못마땅하게 여기고 있다. 니콜라이는 자식들의 세대로부터 낙오落伍된 것을 한탄한다. 아르카지이는 편견偏見을 가지지 않는 자신의 관대한 마음에 자기만족을 하면서, 가정부家政婦 페니치카에 대한 아버지의 실수를 용서한다. 페니치카나 그 밖의 하인下人들은 바자로프에 대하여 자기들과 동일한 평민적인 태도에 호감을 가진다. 파벨과 바자로프의 논쟁論爭은 정치, 사상, 문화, 예술 등 모든 분야에 걸쳐 전개된다.

어느 날, 바자로프는 아르카지이와 군청소재지로 나가, 도지사 저택의 무도회에서 젊은 미망인 오딘초바를 알게 된다. 연애를 저속한 장난이라고 하여 이를 부정하던 바자로프는, 그녀의 아름다움과 지성에 강하게 매혹되어 정열을 억제하지 못하고 사랑을 고백한다. 그녀도 크게 마음속의 동요를 느끼지만 자신의 평화를 지키고자 하는 이성이 승리하여, 바자로프의 품속으로 뛰어들려는 자신의 감정을 억제한다.

실망한 바자로프는 아르카지이와 함께 그의 귀향歸鄉을 목마르게 기다리고 있는 늙은 부모한테로 간다. 그러나 부모의 맹목적인 사랑과 지나친 보살핌이 귀찮아서 곧 실험도구를 남기고 온 아르카지이의 집으로 도피逃避한다. 여기서 그는 과학 실험에 열중하지만, 어느 날 사소한 일이 원인이 되어 파벨과 결투(Duel) 사건이 일어나, 그는 다시 늙은 부모의 집으로 돌아온다.

그는 노부老父의 진료診療를 도와주면서 나날을 보내고 있었는데, 어느 날 장질부사로 죽은 농민의 시체를 해부하다가 잘못하여 손가락에 상처를 입고, 그것이 패혈증敗血症으로 악화된다. 의사인 그는 자기의 증세가 절망적인 것임을 깨닫는다. 임종이 가까워 온 어느 날, 오딘초바가 의사를 대동하고 그의 병상을 찾아온다. 그는 죽음의 괴로움 속에서 허덕이며, 희미해 가는 의식 속에서 그녀에 대한 사랑을 고백하며 그 무의미를 비웃고, 한 마디도 입 밖에 내놓지 않았던 부모에 대한 깊은 애정과 슬픔을 토로吐露한다. 최후의 의지의 힘을 발휘하여 죽음을 거부하려고 몸부림친다. 그리고 마지막까지 죽음의 공포와 싸우면서 죽음을 맞이한다.

외로운 시골의 묘지에서, 바자로프의 무덤 앞에 엎드려 언제까지나 그곳을 떠날 줄 모르는 노부모의 모습은 보는 사람들의 마음을 슬픔의 도가니 속으로 몰아넣는다. 무덤 위에 피어나고 있는 꽃은 자연의 위대한 평화와 영원한 화해를 말해준다고 작자는 말함으로써 이 소설의 끝을 맺는다.

주인공 하이라이트

바자로프는 니힐리스트라고 아르카지이를 통해서 말하고 있는데, 이것은 이 작품 속에 처음으로 나타난 투르게네프의 신조어新造語이다. 바자로프는 의사를 지망하는 젊은 자연 과학자로서, 새로운 시대의, 그리고 형성 도상에 있는 온갖 감정적 지적 특질을 한몸에 지닌 투르게네프가 창조한 인물, 말하자면 가까운 장래에 나타날 새로운 인간상人間像이다.

사상의 완전한 독립과 자유를 위하여, 도덕·사회·예술에 있어서의 일체의 권위를 부정하고, 이성과 논리論理와 유용성有用性의 한계 내에 있는 것만을 인정하는 '생각하는 리얼리스트'(비평가 비사레프가 붙인 이름)인 바자로프는, 예술에 있어서의 감상주의·낭만주의·이상주의·신비주의 등 일체의 주의를 부정하고, 한 켤레의 구두가 셰익스피어보다 중요하고, 그것이 실용적인 목적을 가지기 때문에 한 사람의 화공靴工이 라파엘로보다 낫다고 단언하고, 푸시킨의 시마저 한가한 자의 시간 보내기 놀이라고 혹평酷評한다.

바자로프에 의하여 상징되는 1860년대의 니힐리스트는, 과학을 신神과 바꾸어 놓는 무신론자, 유물론자이고, 그들이 부르짖는 니힐리즘은 혁명 이론의 허무주의와 달리, 주로 도덕적·정치적·개인적인 일체의 제약, 국가, 사회, 가정의 일체의 권위에 대한 개인적인 반항이었다.

비사레프는 다음과 같이 지적했다.

"페쵸린(레르몬토프의 「현대의 영웅」의 주인공)에게는 지식이 있지만 의지가 없고, 바자로프에게는 의지와 지식이 모두 갖추어져 있다. 그에게는 사상과 행동이 하나로 융합되어 있다."

명문구 낙수

"귀족주의, 자유주의, 진보, 원리 어떻습니까? 아무 쓸모없는 이 외래 언어의 범람! 러시아인에게는 이따위는 그저 준다 해도 필요치 않습니다."(바자로프의 말)

투르게네프와 19세기 러시아-길고 긴 애증관계

이 『아버지와 아들들』은 투르게네프가 44세에 쓴 작품이다.

이미 소설 세 권을 발표했고 이십 년 사이에 두 작품을 발표했지만 1862년에 나온 이 『아버지와 아들들』이 투르게네프의 대표작이다. 이 작품이 나오자 러시아 문학사상 유례가 없을 정도로 물의를 빚었다. 이 전대미답前代未踏의 논쟁은 투르게네프 전에도 일어난 적 없었고 그 이후에도 이런 대소동은 일어나지 않았다. 수줍은 은둔자로 평생을 산 것에 비해 아이러닉하다. 모파상은 "투르게네프는 절도와 예절이 몸에 밴 훤칠한 신사"라고 회고한다. 점잖은 그였지만 격동기 러시아의 정치적 현실을 상징하는 인물을 소설에 등장시켜 이슈화하는 등 조국의 현실을 외면하지 않았다. 덧붙여 자신의 세대는 퇴진해야 된다고 힘차게 부르짖었다. 기득권층이 수탈해 온 제도가 타파되면 귀족인 작가에게 타격이 되겠지만 자신의 안위에 연연하지 않고 러시아 미래를 끌고 갈 젊은 세대를 지지했다. 일견 모순되는 정치적 쟁점과 시적 비전(poetic vision)이 흥미진진하게 어우러진 특징이 비판과 오해를 야기惹起했다. 이 작품에서 투르게네프는 자연의 조화를 꾀하면서 예측불허의 회상적 결론을 짓는 예술성을 보인다. 이 작품은 주제의 구성이 조화를 이루고 무엇보다도 예술성이 빼어난 작품이다.

첫 작품은 1843년 자비로 출판한 『파샤(Parasha)』이다. 1818년에 출생한 투르게네프는 니콜라이 1세의 압제정치 하에서 성장하였다. 감시경찰, 검열, 관료주의, 러시아의 영광을 노래하고 독재체제를 선전하는 민족주의 노선의 차르체제 시대였다. 1825년에 등극하자마자 데카브리스트의 봉기蜂起를 겪은 니콜라이 황제는 억압정책을 펼쳤으나 딱하게도 혁명의 물결만 거세게 유럽으로 번지게 했다. 바로 이때 투르게네프가 정치적 발톱을 내밀어 돛대를 긁는다. 『호르와 칼리느치(Khor and Kalinych)』를 출판하고 후에 간결한 제목의 「사냥꾼의 노트(Hunter's note)」가 된다. 투르게네프가 시에서 산문으로 전환을 한 시기는 러시아 문학이 낭만주의에서 리얼리즘으로 바뀐 때이기도 하다. 베진 초원 등 러시아 시골풍경을 빼어나게 서정적으로 묘사하여 투르게네프는 불멸不滅의 명성을 얻게 된다.

투르게네프가 사냥에 몰두하여 쓴 글을 읽으면 투르게네프란 작가의 모순된 성격이 드러난다. 무려 38년이나 마담 비아드로를 짝사랑하다가 눈을 감은 신사가 사냥꾼이라니! 어렸을 때는 모스크바 남서쪽의 드넓은 스파스코예(Spaskoye) 시골 영지에서 자랐다. 가족은 투르게네프의 학업을 위해 모스크바로 이사했다. 이후 베를린 대학에서 3년간 유학한 후 상트페테르부르크에서 학위를 받는다. 잠시 모스크바 내무국에서 일하다가 1856년에 파리에 정착한다. 더 일찍 외국으로 나가지 못한 것은 고골의 장례식에 보낸 조사(obituary)가 검열에 걸려 1852년 영지로 강제 추방된 탓이다. 공식적으로 고골에게 보낸 애도사를 문제 삼았으나 「사냥꾼의 수기」의 내용이 당국의 비위를 거슬린 것이 화근禍根이었다.

러시아 최초의 비평가인 벨린스키는 투르게네프의 지적 성장에 영향을 주었다. 「사냥꾼의 수기」는 벨린스키에서 영감을 받았다. 그러므로 투르게네프가 『아버지와 아들들』을 벨린스키에게 헌사한 것은 당연하다. 이 두 사람의 우정은 흥미롭다. 귀족 출신에 도시적이고 세계시민적 풍미가 넘치는 투르게네프에 반해 벨린스키는 잡계급에 속하고 혁신적이며 금욕주의자였다. 이 둘은 유럽파로서 기질과 배경이 달랐지만 피터 대제의 대개혁을 반대하는 슬라브주의자들에게 회의적이었다. 벨린스키의 우정과 투르게네프가 이웃과는 원만했으나 톨스토이 백작과는 결투를 할 지경으로 살벌하였다. 이사야 베를린의 말을 빌리면 벨린스키는 러시아 제국에서 정치적 자유와 경제적 시민 평등권을 향한 영웅적 투쟁이 쟁점이 되던 1840년대의 위대한 영웅이었다고 한다. 벨린스키는 농노제도의 공포가 러시아에 존속하는 한 이 문제를 폭로하여 폐지하는 것이 작가의 사명이라는 소신을 굽히지 않았다. 정치를 떠나 순수예술에 탐닉할 여유가 없었으며 어용御用예술을 수수방관할 수도 없었다. 투르게네프는 예술성의 추구를 포기하지 않고 사회적 양심과 조국애를 시와 단편에 계속하여 발표하였다. 그는 격동기의 삶을 소설로 표현하는 데 헌신하였다. 『아버지와 아들』은 벨린스키의 후견이 토대가 되어 20년 전부터 창조의 여정이 싹터서 절정을 이룬 작품이다.

　투르게네프는 비아도르가 페테르부르크에 데뷔하던 1843년에 시와 초기에 쓴 희곡을 발표하면서 벨린스키 서클에 등단하였다. 편집장 네크라소프 휘하의 간부로도 활동했는데 이 현대잡지가 러시아의 권위 있는 잡지가 되어 투르게네프의 『호르와 깔리느치(Khor and Kalinych)』를 출간한다. 투르게네프야말로 미물처럼 취급되던 농노들의 실상을 처음으로 다룬 작가이다. 니콜라이 1세는 현미경으로 들여다보듯 삼엄하게 러시아 사회를 검열하였지만 그 와중에도 서슴지 않고 이 농민들을 귀족 못지않은 위엄 있는 인간으로 그렸다는 데 의미가 컸다. 농노들을 학대하는 어머니를 보고 자란 투르게네프는 농노제를 내심 미워한다. 폭압과 사회부정에 대해 심한 반감을 품게 된다. 소품에 이어 소설을 발표하여 러시아를 떠나 외국에서 사는 명분을 세우고 농노제라는 거대한 적을 공격할 수 있는 구실을 삼는다. 자라면서 귀족의 신분을 수치스러워했으며 자기가 미워하는 체제의 공기를 마시지 않겠다 선언한다. 이런 속내를 훗날 자서전 서문에 밝힌다.("니콜라이 1세 체제의 러시아 공기는 그 누구라도 숨을 크게 쉬기 어려워 질식할 정도였다") 외국에 체류하면서 농노제도와 독재체제를 옹호하는 그룹을 향해 반동적 견해를 신랄하게 피력한 고골리 서한을 접한다. 1847년 독일에서 벨린스키는 건강을 돌보았으나 허사가 되고 만다. 벨린스키의 때 이른 죽음은 투르게네프에게 큰 충격이었으나 러시아 정부는 방해꾼인 투르게네프를 체포할 절호의 기회로 여겼다.

차르 당국은 몇 해 후 고골의 조사(obituary)를 트집 잡아 1852년 체포의 전초로 추방을 한다. 「사냥꾼의 수기」가 검열에서 통과되어 출판된 것은 기적이었다. 1853년 말에 알렉산더 황태자의 사면赦免으로 투르게네프는 영지에서 추방이 풀린다. 황태자가 『사냥꾼의 수기』를 읽고 농노제 폐지를 결심했다는 사실은 투르게네프에게 강한 기폭제가 되었다. 이후 니콜라이 1세가 죽자마자 첫 소설 『루딘』을 발표한다. 투르게네프는 러시아 사회에 더욱 촉각을 세운다. 크림전쟁이 종식되고 알렉산더가 즉위하자 미래에 안도하는 낙관적인 분위기가 감돈다. 러시아 사회가 자유화 되자 검열이 풀리고 러시아 사회에 활기가 돌고 도스토예프스키도 시베리아 추방에서 구사일생으로 생환하여 돌아온다. 1859년에 세 번째 소설 「그 전날 밤」을 집필한다. 1860년대 알렉산더 2세가 집권하기 전 즉 대개혁이 시작되기 전 러시아의 기념비적 시기였다. 이 네 번째 소설 『아버지와 아들들』에 이르러서 수개월에 걸친 농노해방과 후속조치가 마무리되면서 그 시기 어떤 소설보다 시대정신을 사로잡았다.

1860년 투르게네프는 영국의 유명한 휴양지인 Isle of Wight의 벤트너(Ventner)에서 「아버지와 아들들」을 집필한다. 소설이 잘 써지지 않아 지독하게 담배를 피우다 안주인에게 쫓겨난다. 거처를 옮긴 에스플라나다(Esplanada) 풍광에 영감을 받아 눈에 띄게 구상이 진척된다. 3주 후에 그곳을 떠났을 때는 신체적 특성 나이 등 주요 인물들의 윤곽이 잡혔다. 구성 전에 성격부터 창조하는 것이 그의 창작

기법이었다. 가을이 되자 파리로 돌아와서 줄거리를 엮어 놨다. 다음 리젠시 카페에서 체스를 두는 틈틈이 생각난 듯 살을 붙였다. 그 봄에 투르게네프, 자유주의자 및 추방자들 모두 농노해방이 공식화되기를 초조하게 기다렸다. 그런 심난한 시기에 소설을 쓰기란 힘들었다. 성명서가 출간되자 투르게네프와 추종자들은 파리 대사관에서 추수 감사절 예배를 드렸는데 사제의 강론에 감동되어 눈물을 흘렸노라는 고백을 한다. 그해 5월에 영지로 돌아와서 투르게네프는 여름이 끝나갈 무렵 무섭게 집중하여 초고를 끝낸다. 다음 추고하고 친구 파벨 아네코프의 추천을 받는다. 더욱이 아이러닉하게도 《현대》지에 게재되었다는 사실이다.

알렉산더 2세에 와서 러시아 문학은 상당한 변화가 일어난다. 규제가 풀려서 러시아 지식인들의 삶이 자유로워지자 벨린스키 그룹인 알렉산더 도블유프도 《현대》지에 합류한다. 신지식인들은 귀족계급이 아닌 부류들이다. 대개 목사나 벨린스키처럼 러시아 사회에서는 잡계급인 의사 집안이다. 이들은 예술의 어용을 극단적으로 혐오하였다. 1840년대 완고한 투르게네프 세대들을 무능한 이상주의자들이라고 치부한다. 이 두 세대의 충돌이 『아버지와 아들들』의 중심 주제로서 파벨 키사노프와 바자로프 관계로 대변된다. 급진적인 후배인 네크라소프의 지지 덕으로 좌익 기관지 《현대》지가 전면에 등장하였다. 그 결과 예술적 가치가 희생되는 대가를 치른다. 즉 보수적인 투르게네프, 톨스토이, 곤차로프 및 오스트로프스키는 모스크바 그룹들로서 온건파인 이들이 《현대》지를 외면하게 되었다. 그나마 이미 발표된 전야처럼 『아버지와 아들들』을 편집장인 카트코프에게 잡지 형태로 제출하였다. 1862년에 『아버지와 아들들』이 발표되자 473페이지에서 663페이지가 되었는데, 러시아 잡지계에서는 특히 러시안 소식지에서는 '두터운 잡지' 이상으로 취급되지 않았다. 《현대》 지지자들의 비판을 각오는 했지만 악의가 이렇듯 극렬하리라고는 미처 상상하지 못한 투르게네프였다.

애초 투르게네프는 귀족들의 삶뿐 아니라 알렉산더 2세 체제에서 살아야 되는 단순한 사회형 인물을 그리고자 했다. 출판 후 온갖 찬반의 소용돌이에 휩쓸린 바자로프라는 인물을 써서 최초로 raznochinet(잡계급)을 등장시켰다. 잡계급인 바자로프는 귀족을 존경하지 않고 공공연히 백안시한다. 작가 자신의 예술관과 상반되는 인물을 창조하여 살아 숨 쉬는 인물로 그려낸 노고야말로 작가정신의 승리이다. 귀족이지만 자기중심적인 톨스토이는 raznochinet에 전혀 예술적 흥미를 보이지 않았다. 투르게네프보다 10년이나 뒤늦게 톨스토이는 귀족과 농민에게만 초점을 두었다. 러시아 사회의 높은 계급적 장벽이 무너진 것은 불굴의 투르게네프가 헌신한 결과이다. 이런 의미에서 투르게네프를 선구자라고 불러야 마땅하다. 나약하고 약점 많은 과거 러시아 소설의 주인공들 푸슈킨의 『예브게니 오네긴』, 레르몬토프의 『우리 시대 영웅』과 곤차로프의 『오블로모프』 등에 반해서 바자로프는 일상의 영웅에 속한다. 레르몬토프의 풍자적 제목에 반하여 투르게네프는 바자로프를 진정한 영웅이라 선언했으며 이면에는 소박한 시골 의사의 아들이었던 벨린스키의 면모가 숨어 있다. 인물을 창조하는 것이 지독히 어렵다는 고백이 나온다. 일기에 메모하고 현실적 상황에서 순간순간 주인공이 보일 반응을 틈틈이 기록하는 등 지옥과 같은 과정이었다. 후에 1860년대 세대로 알려졌지만 처음 10년간은 투르게네프만이 직관적으로 이 새로운 인간형의 윤곽을 느꼈다. 니힐리스트라 부르는 이 3차원의 인물이 결국 원형이라 할 수 있는데 창조 과정이 결코 쉽지 않았다는 토로를 한다.

투르게네프는 1862년 소설에 대한 열정이 극에 달하던 때 슬루시브스키 시인에게 편지를 썼다. 훤칠하고 검은 피부에 툭하면 화내지만 정직하고 야성적이며 땅에 반쯤 발을 딛고 한 발은 미래를 향해 도약하는 이 인물은 종내 사라질 운명에 처한 주인공이라고 편지에 썼다. 초기 서한에서 피력한 대로 그를 니힐리스트 반열로 부른다면 혁명가로 불러 마땅하다고 단언한다. 베를린 유학 당시 절친한 친구였던 위대한 무정부주의자 바쿠닌이 바자로프를 이해한다며 1866년 혁신적인 러시아 청년의 에너지와 강인한 의지를 격려하라고 알렉산더 헤르첸에게 간곡히 권유했다. 유명한 친영주의자인 카트코프는 투르게네프의 편집인이었는데 바자로프의 맞수로서 멋진 파벨 키사노프를 지지했으나 실제로는 바자로프의 박력迫力과 대중을 사로잡는 매력에 경탄하였다. 체르니시스키와 《현대》 편집팀들은 1850년대 이후 반대파가 되어 이제는 투르게네프를 원수로 여겼다. 바자로프를 우상화할 의도는 없었으나 카트코프는 투르게네프에게 바자로프는 차원 높은 인물이 될 숙명이라고 결론을 내렸다. 바자로프는 주위 모든 사람들과 충돌한다. 바자로프 앞의 모든 사물은 넝마처럼 낡아 빠졌거나 연녹색으로 이분화된다. 카트코프는 투르게네프에게 바자로프의 성격을 덜 긍정적으로 개작하라고 재촉했으나 그렇게 되면 출판된 소설에 가해질 비난의 폭풍은 가열하여 잠재울 도리가 없었을 것이다.

그 전 해의 해방법(emancipation act)을 두고는 러시아 사회 전체가 불만이 비등하면서 봉기蜂起의 물결이 일었다. 동시에 왜곡된 발상으로 대학 개혁을 시도한 결과 1861년에 학생시위가 널리 퍼졌다. 24살의 도블유프는 《현대》지에 「전야」를 리뷰하면서 "그날은 언제 오려나?" 외쳤다. 투르게네프가 그린 도전적인 영웅에게 그들이 품고 있는 희망과 꿈을 투영하며 청년들은 엄청난 기대를 걸었다. 한편 다른 비평가들은 투르게네프가 바자로프를 내세워 러시아 청년을 조롱했다고 비난을 퍼붓는다. 바자로프의 인상은 투르게네프의 말대로 오만 불손하였다. 체르니스키는 그 와중에 비합법적으로 농민들을 선동한다고 경찰의 감시대상이 되었다. 폐간되면서 체포되어 상트페테르부르크 요새에 수감되었다. 『아버지와 아들들』을 리뷰하는 대신 '무엇을 해야 되나?'란 전파력 큰 반동의 일환으로서 혁명을 주제로 소설을 썼다. 이 책은 감옥에서 밀반출되어 1863년 출판되었다.

미국인 학자로서 외교관인 유진 슈일러는 1867년에 『아버지 아들들』을 번역한 후에 모스크바 영사로 부임했다. 다음 서문을 보면 그가 당시 러시아 사회의 전반적 반응을 잘 파악했다는 것을 알 수 있다.

극렬한 비방과 맹공격의 대폭풍이 러시아에 불어 닥쳤다. 각 세대 간의 갈등이 첨예화하면서 노골적으로 상대를 비난하고 자신의 세대는 옹호했다. 아버지 세대는 저항하고 아들 세대는 바자로프를 비방하는 것을 참지 못했다. 책이 폄훼되면 될수록 더 널리 읽혔다. 이 책의 성공은 러시아 어느 책보다 위대했다.

『아버지 아들들』을 출판하자 러시아뿐 아니라 전 세계적으로 일대 각광을 받았다. 레닌의 고향인 한유한 심버스크 같은 러시아 시골에서도 소설을 두고 끊임없이 이야기가 번졌다. 아브도티아는 학교를 졸업하고 책 한 권 손에 잡지 않았던 사람들도 이 소설을 읽었다고 떠벌렸다고 한다. 딸들은 연회장에 입고 갈 프록코트를 사주지 않으면 니힐리스트가 되겠다고 부모들을 졸라댔다. 당국은 니힐리스트들을 선동가라고 비난하고 청년들은 장발과 색안경을 끼고 사람들 앞에 나다니지 말라고 단속했다.

1917년 에드와드 가네트가 쓴 투르게네프 연구를 보면 소설가에게 맹비난을 하는 양상이 모기가 침을 쏘아 피를 빨듯이 작가를 괴롭혔다고 밝힌다. 투르게네프는 원 없이 원한에 찬 공격의 침을 맞았다. 다른 출판업자들은 외면한 책을 구체제 신봉자이며 박애주의자가 단행본으로 출간을 도왔다. 서문에다 작가 의도를 피력하지 않고 작품으로 말한다 선언하고 더는 작품에 윤색潤色을 하지 않았다. 1862년 4월에 슬루치브스키에게 이 소설은 귀족과 주도세력에 대항하고자 쓴 작품이라고 밝혔다. 그가 잊을 수 없는 친구 벨린스키에게 책 맨 첫 장에 헌정한 것은 당연한 귀결이었다. 1860년대 말 투르게네프는 에세이를 발표하면서 양 세대 모두로부터 공격과 비난을 받앉던 일을 회고했다.

  투르게네프야말로 진정한 예술가였다. 바자로프는 모순투성이의 양가감정을 지닌 인물이었다. 이 점이 문학적 특성과 향기를 더욱 빛나게 한다. 작가는 과격하고 대담하고 무례하고 무정하며 신랄한 주인공의 매력에 한없이 빠져들게 한다. 투르게네프 자신도 주인공이 무엇을 어떻게 할지 모르겠다고 정직하게 고백한다. 그대 자신도 결코 풀 수 없는 수수께끼(enigma)가 그러나 접근의 시도는 할 수 있는 어떤 모순이 여기에 숨어 있다.

  부연敷衍하건대, 농노가 오천 명이나 되는 영지에서 태어난 아이는 어느날 어머니가 침실에서 어린 농노를 베개로 질식시켜 죽이는 장면을 목도目睹한다. 그 충격은 아이에게 일종의 원초적 장면(PRIMAL SCENE)이 되어 그림자처럼 따라다니며 그를 괴롭혔으리라. 물론 정신분석에서는 부모의 성관계 장면을 본 경우라고 하지만, 무자비한 어머니를 본 아이가 받은 상처는 원초적 장면을 훔쳐본 아이의 공포와 버금갔겠다. 투르게네프가 평생 독신을 고수하고 영지를 두고 외국을 떠돌았고, 무엇보다도 메시아적 환타지에 머물지 않고 기필코 농노해방에 불을 지핀 불후의 작품을 썼으니 그의 삶의 수수께끼는 어쩌면 이 장면부터 발현發端되었던 게 아닐까?

  (Refered from Rosamund Bartlette: 바틀렛 선생님의 해박한 투르게네프 연구에 탄복하며 다시 한 번 감사를 드린다)

괴테와의 대화
- 에커만을 읽고

괴테와 에커만의 대화 p.110~111 상단을 그대로 옮긴다.

  사람들은 나를 특별한 행운아라고 칭찬한다네. 나 또한 불평을 하거나 나의 인생행로에 대해 질책하고 싶지는 않아. 그러나 실제로 보면 그것은 노고와 일 말고는 아무것도 아니었네. 그러니 칠십오 년 평생 동안 단 한 달만이라도 진정으로 즐겁게 보냈노라고 말할 수는 없는 형편이네. 말하자면 끊임없이 돌을 위로 밀어 올리려고 애쓰면서 그 돌을 영원히 굴리고 있는 것과 같았네. 나의 연대기는 나의 이 말이 무슨 뜻인지 분명히 보여주겠지. 안팎으로 나에게는 너무나 많은 일들이 주어졌던 걸세.

  나의 참다운 행복은 마음속에 시를 떠올리고 창작하는 데에 있었네. 하지만 이것도 나의 공직 생활 때문에 얼마나 제한되고 방해를 받았던가! 공적인 활동에서 물러나 고독하게 살 수 있었더라면 나는 더욱 행복했을 것이고 시인으로서도 훨씬 더 많은 일을 할 수 있었을 테지. 그러나 내가 「괴츠 폰 베를리힝겐」과 「젊은 베르테르의 고뇌」를 쓴 직후에 어떤 현자가 나에게 한 말은 사실로 드러났네. 즉 누군가가 세상을 위해서 무언가를 하고 나면, 세상 사람들은 다시는 그 일을 하지 않으려고 애쓴다는 말이었지.

자자한 명성, 높은 지위란 인생에 있어서 좋은 일이야. 하지만 나의 모든 명성과 지위로 할 수 있었던 일은 기껏해야 다른 사람의 마음에 상처를 주지 않기 위해 그들의 견해에 침묵하는 것뿐이었네. 덕분에 나는 다른 사람의 사고방식을 알게 되고, 다른 사람은 나의 생각을 모르게 된다는 점에서 득을 보긴 했지. 하긴 그마저 없었다면 사실 지독히도 재미없는 삶이었겠지."

"칠십오 년 동안 단 한 달만이라도 진정으로 즐겁게 보냈노라고 말할 수는 없는 형편"이라는 고백을 읽으니 허를 찔린 기분. 아니 괴테 같은 대문호 입에서 이런 탄식이 나올 줄이야! 범인의 처지에서 볼 때는 그저 허풍이 아닐까 하는 의구심까지 들게 하나, 위인의 내면 속 고백을 그대로 믿어야지 왜곡할 것은 없겠다. 역으로 위대한 업적이란 산물은 남모르는 노고와 천재성의 집약일진저!

한 술 더 떠 "명성과 지위로 고작 할 수 있었던 일은 다른 사람의 마음에 상처를 주지 않기 위해 그들의 견해에 침묵하는 것뿐"이었다는 데는 괴테라는 인물의 바탕이 보인다. 동서양이 크게 다르지 않게 위대한 정신의 주인공들은 하나같이 어질 인仁의 화신 같다. 공자가 평생 추구한 군자의 미덕은 仁에 골자를 둔 교훈이라 하겠거늘, 괴테에게서 이런 고백을 듣는다는 것이 하등 놀랄 일이 아니겠다.

남을 상처주고 싶지 않아 입을 다물게 되었는지 어떤지는 모르지만 나는 특별히 흥미가 치솟는 일이 아니면 거의 다른 사람의 말을 듣고 또 듣는 사람이다. 아마도 게을러서 시시비비하기가 꺼려서 앉아서 듣기만 하는 모양이다. 거기다 한때 미쳐 날뛰다시피 정신의학에 천착한 나는 더더욱 말을 입 밖에 토해 내기를 꺼려한다. 나만의 침묵을 찾아 오죽하면 작은 읍에 자리한 수도원까지 매달 탈옥수처럼 허겁지겁 찾아들어 가는가! 탈출을 하듯 무궁화 1204호 열차에 몸을 싣고 대전역을 빠져나가면 그 때부터 나의 영혼의 날개는 칠흑 같은 어둠 속에 하루를 고하는 수도원 담장 안의 끝기도로 날아간다. 세상 어디에서도 맛보기 어려운 침묵의 성전. 십자가를 지고 가다 기진맥진하여 나둥그러진 십자가의 길 7처의 예수님 옆자리에 앉아 어둠 속에 우두커니 숨죽이며 영원이란 타임존의 먼지가 된다.

  젊었을 때 괴테의 책을 어렴풋이 접했을 때 그가 나이 칠십이 너머 어린 소녀와 사랑에 빠져 혼절했던 일화를 두고 노인의 주책으로 폄훼하던 글을 읽은 기억이 있는데, 지금 내 나이 일흔셋이 되고 보니, 괴테의 연정을 두고 그렇게 잔인하게 몰아칠 일은 아니겠다. 애틋하게 공감이 가고 자신의 열정적 내면에 충실한 괴테에게 그저 탄복할 따름이다. 나이를 불문하고 맹목의 덫에 걸려 허우적대는 그 질곡을 가늠하지 못할망정 비웃을 일은 아니겠다. 왜 우리는 턱없이 오만하여 남의 일에 서슬 퍼런 칼 같은 자를 들이대는가? 우리 목숨이 잦아들 때까지, 오히려 더욱 절절하게 마지막 심지가 재로 남듯 불꽃을 다 태우는 게 연소의 소명이리니, 우리 삶의 환희는 미래의 희망 속에 아니 우리의 사후에도 영원히 피어날진저!

괴테의 혜안

괴테의 자서전 『시와 진실 1(Aus meinem Leben Dichtung und Wahrheit)』을 틈틈이 읽다가 흥미로운 이야기가 나와 인용한다.

그러나 내가 공부를 산만하게 하고 꾸준히 못한 이유뿐만 아니라 더 엄청난 일로 공부가 방해를 받게 되었는데, 국가적인 대사건이 세상을 흔들어 상당기간 공부가 중단되었다. 그것은 오스트리아의 황녀이며 프랑스 왕비인 마리 앙투아네트가 파리로 가는 길에 슈트라스부르크를 통과하게 된 것이다. 귀한 분들이 이 세상에 있다는 것으로 민중의 관심을 끄는 축제행사는 다양하게 준비되었다. 그중에서도 특히 나의 시선을 끈 것은, 그녀를 맞이하여 남편의 사절들에게 인도하기 위해서 라인 강의 섬에다 두 교각 사이에 세운 건물이었다. 건물은 지면보다 좀 높고, 중앙에는 큰 홀이 있으며, 양편에는 약간 작은 홀이 있고, 그 뒤로는 다른 방들이 늘어서 있었다. 이것이 좀 더 장기간에 건설되었더라면 틀림없이 높은 분들의 별장으로 가치가 있었을 것이다. 그런데 내가 이 건물에 유독 관심을 두고 입장 허가를 받기 위해서 몇 차례나 문지기에게 은화를 아끼지 않은 것은 내부 전체를 둘러싼 융단 때문이었다. 여기서 나는 처음으로 라파엘로의 초벌 그림에다 짜놓은 융단을 보았다. 비록 원화에서 직조한 그림이지만 정확하고 완전한 것으로 나는 그것을 보고서 커다란 인상을 받았다.

그 앞을 왔다 갔다 하면서 아무리 보아도 싫증이 나지 않았는데, 무엇이 이렇게도 나를 사로잡는 것인지 알 수 없어서 헛된 노력으로 머리를 괴롭히기도 했다. 이들 양쪽 홀은 무척 화려하고 아늑했으며 중앙홀은 더욱 놀라웠다. 거기에는 더 크고 더 빛나며 더 복잡하게 장식된 근대 프랑스인들의 원화에 따라 직조한 융단이 걸려 있었다. 내 감정이나 판단은 어떤 것도 쉽사리 배제하지 않기 때문에 이런 장식품도 친숙하게 느꼈던 것 같다. 하지만 그 그림은 너무도 나를 격분시켰다. 그림은 이아손과 메데이아와 크레우사의 이야기[1]를 내용으로 삼고 있었다. 가장 불행한 결혼의 예를 나타냈다. 옥좌 왼편에는 처참한 죽음에 직면해 신음하는 신부가 그녀를 동정해서 통곡하는 사람들 무리에 둘러싸여 있고, 오른편에는 아버지 이아손이 살해당한 아들들의 모습을 보며 놀라고 있었다. 이 잔인하고 역겨운 내용에 몰취미한 것을 추가하기 위하여, 금실로 수놓은 옥좌 뒷면의 빨간 벨벳 배후 오른편에는 짐승의 흰 꼬리가 휘감겨 있고, 불을 뿜는 야수와 싸우는 이아손의 모습이 호화로운 휘장에 뒤덮여 있었다.

그러자 외저의 화풍에서 습득한 원리가 떠올랐다. 혼례식 건물의 부속실에 그리스도와 사도를 배치한 것은 안목 없음과 무식을 보여주는데, 그것은 틀림없이 왕실의 융단 관리자가 방의 크기만 염두에 둔 것이었다. 그래도 그 덕택에 그것을 볼 수 있기 때문에 나는 묵인할 수 있었다. 그런데 중앙 홀의 실책은 나를 격분시켰다. 그래서 요란하고 격하게 미감과 감정에 가해지는 저런 범죄에 증인이 되어 달라고 나는 요구했다. 나는 주위 사람들을 아랑곳하지 않고 소리쳤다. "무슨 짓인가! 젊은 왕비가 결혼으로 나라에 첫발을 들여놓는 마당에 이렇게 분별없이 세상에 둘도 없는 가장 끔찍한 결혼의 예를 보

---

[1] 그리스 신화로서 메데이아는 아버지를 배반하면서까지 이아손을 도와 황금 양털을 얻게 해주어 그와 결혼했으나 후에 이아손이 코린토스의 여왕 크레우사와 결혼하려 하자 그녀를 독살하고 자신의 두 자식마저 칼로 찔러 죽이고 달아났다. 괴테가 혀를 내두른 참극.

여 주다니! 도대체 프랑스의 건축가나 화가 그리고 실내 장식가 중에는 이 그림이 무엇을 표현하는지, 그림이 생각과 감정에 작용한다는 것, 인상을 남기고 예감을 불러 일으킨다는 것을 아는 사람이 한 명도 없단 말인가! 이래서야 쾌활하다고 소문이 난 아름다운 숙녀를 맞으러 흉악무도한 유령을 국경까지 보낸 것이 아니고 뭔가." 내가 무슨 말을 더했는지 잊어버렸지만, 여하간 동행자들은 사고가 일어나지 않도록 나를 진정시켜서 밖으로 끌어내려고 애를 썼다. 그들은 그림에서 누구나 뜻을 찾은 것은 아니며, 적어도 융단 관리자들은 그때 아무 생각도 없었을 것이고, 슈트라우스부르크나 부근에서 몰려오는 주민들, 왕비와 신하들도 모두 그런 망상에 빠져들지는 않을 것이라고 말했다.(p419-421)

괴테가 호령하는 이 대목이 나오면 통쾌하다. 이미 노년에 접어든 괴테이건만 어느 청년보다도 용기있게 사람들의 천박淺薄한 사고방식에 대해 준엄한 훈계를 한다. 괴테를 무마시키려고 둘러대는 사람들도 어쩌면 우리네와 똑같은지! 그림에서 큰 의미를 찾지는 않는다고 하는데, 그러면 무엇하러 그 귀한 그림을 목이 휘도록 그리고 밤낮으로 백발이 되도록 융단을 짜는가? 역사의 증인이 된 괴테가 왕비 행차를 목격한 글이 이어진다.

아직도 나는 이 숙녀의 아름답고 고상하며 쾌활하면서도 위엄 있는 용모를 뚜렷하게 기억하고 있다. 왕비는 유리창이 달린 마차를 타고 있어 잘 보였는데, 시중드는 부인들과 일행을 맞으려고 몰려오는 군중을 보면서 정답게 미소짓고 있는 것 같았다.
수도로부터 왕비의 안착보도가 전해지자마자 무서운 소식이 뒤따

랐다. 불꽃놀이 때 건축 재료로 교통을 차단한 도로에서 경찰의 실책으로 수많은 사람이 마차에 깔리거나 넘어져서 죽었으며, 그래서 결혼 축전 때 도시는 슬픔과 비탄에 잠겼다는 것이다. 그러나 이 엄청난 불행을 젊은 왕비 그리고 국민들에게도 비밀로 했기에 많은 가정에서는 아무리 기다려도 들어오지 않는 가족들이 이 참사에서 희생되었을 것이라고 단정할 뿐이었다. 이때 내 마음속에는 저 큰 중앙홀의 처참한 그림이 생생하게 떠올랐다. 도덕적인 이미지가 감각적인 모습으로 구체화 할 때 얼마나 강력한 것인지는 누구나 다 알고 있다.(p 422)

그 영명한 괴테가 그의 사후 채 십오 년이 흐르기 전에 프랑스대혁명의 불길이 치솟아 그 아름다운 왕비가 단두대에서 왕비로서 위엄과 예절을 끝까지 보여주고 구체제와 함께 역사의 뒤안길로 사라진다는 것을 꿈에라도 생각했을까? 그리스 신화의 잔인한 복수는 스트라스부르크 시민들의 가정뿐 아니라 흠모하는 왕비의 가족까지 몰살되는 저주의 물레를 돌린 것인가!

장마가 싱겁게 끝나고 푹푹 찌는 초복 이아스의 저주가 뇌리에 맴돈다. 뜨락의 포치를 뒤덮고 있는 능소화는 괴테 생가의 정원에 다소곳이 피어 있던 능소화보다 빛깔은 옅고 화관은 큰 편이다. 능소화의 꽃말이 순교라고 하는데, 형틀에서 얼굴이 떨어지는 모습에서 연유했다나? 괴테옹은 대문호 이전에 대예언가라고 해야 되나?

그리고보니 오늘이 7월 14일 바스티유 감옥 습격의 날(1789.7.14.). 노도怒濤와 같은 민중들의 함성이 자유, 평등, 박애의 횃불시위로 파리 시가지를 능소화처럼 불태웠던 것을⋯.

괴테의 이탈리아 기행

　1786년 10월 1일, 베니스

　나는 거리를 돌아다니면서 여러 관점에서 시내의 실정을 시찰했다. 마침 일요일이어서 불결한 길거리가 눈에 띄었다. 그래서 그 문제에 관찰의 눈을 집중시키게 되었다. 물론 이 분야에도 일종의 경찰이 있기 때문에 사람들은 쓰레기를 한 구석에다 긁어모으기도 하고, 여기저기 배를 저어 돌면서 군데군데 정박하여 쓰레기를 모아 가는 큰 배들도 눈에 띈다. 또한 부근 섬에서 비료를 퍼가기 위해 오는 사람들도 보인다. 그러나 이 정도의 제도로는 전혀 효과를 보지 못하고 있으며 또 그 제도가 엄격하게 시행되지도 못하고 있다. 이 도시는 네덜란드 도시처럼 청결을 위주로 설계된 것이기에 이런 불결함은 더더욱 용서할 수 없다. 가로는 모두 포장되어 있었다. 아주 변두리 지역에 가보아도, 최소한 벽돌을 세워서 깔아 놓았고 또 필요한 경우에는 물이 지하의 운하로 흘러들게 해 놓았다. 숙고를 거친 시초의 설계에 의해 조영된 그 밖의 건축상 시설을 보더라도 베네치아를 가장 이색적인 도시로, 동시에 가장 청결한 도시로 만들려 했던 뛰어난 건축가들의 의도를 알아차릴 수 있었다. 나는 산책하면서, 당장 하나의 단속 법안을 계획해서 그걸 경찰총장에게 제시하면 진지하게 고려해 줄 것이라는 생각을 했다. 나는 가끔 이렇게 쓸데없이 남의 걱정을 하는 습성이 있다.

고은희 선생님이 순천 경찰서에 "선암매 관리보존에 관한 민원"의 제하(題下)로 진정을 한 것은 장한 일이다. 특히 문화유산 사랑회가 합심한 것은 더욱 뜻깊은 일이다. 틈틈이 괴테의 여행기를 머리맡에 두고 읽다가 흥미 있어 전문을 싣는다. 괴테가 칭송을 받는 것은 그의 문학적 업적 외에 이런 제도 문물 행정 광물학에까지 두루두루 관심을 쏟는 그 열정에 있지 않나 하는 생각을 한다. 바이마르가 작은 공국이라고는 하나 한 나라의 재상이 된 분이니 이런 베니스 거리의 청결을 염려하는 그 간절한 마음속에서 이미 재상의 기미가 농후했던 것이리라.

망막수술을 한 이후 눈이 침침하여 전에 같이 책을 남독 내지 탐독을 못하고 겨우겨우 몇 페이지씩 들여다본다. 에커만의 『괴테와의 대화』는 덧없는 내 영혼의 사막이 되어주고 있다. 베니스를 찬탄하고 돌아가는 것으로 그치지 않고 청결한 베니스를 위해 단속법안을 경찰에게 제출할 궁리를 하면서 "쓸데없이 남의 걱정을 하는 습성이 있다"는 고백이 나오는데, 고은희 선생님을 위시하여 이런 분들이 수두룩히 나와야 우리가 사는 세상이 오늘보다 내일이 나아지리라는 희망이 펼쳐질진저!

모든 위대함은
– 『괴테와의 대화 I』에서

괴테와 에커만의 바이런에 대한 대화가 너무도 흥미로워 마치 우리들 속내를 들여다보듯 친근하게 느껴 인용한다.

내가 말했다. "최근에 바이런 경이 쓴 글을 보았는데, 바이런 경도 볼테르에 대해서 특별한 존경심을 가지고 있었다는 것을 알고는 기뻤습니다. 그가 볼테르를 얼마나 애착을 가지고 읽고 연구하고 유익하게 이용했는가를 알 수 있었습니다."

괴테가 말했다. "바이런은 무언가 건질 게 있는 곳을 너무나 잘 아는 사람이었어. 그는 너무나 현명하기 때문에 이 보편적인 빛의 원천에서 아무것도 얻지 못한다는 건 있을 수 없는 일이지."

그러고 나서 이야기는 곧 바이런과 그의 작품들에 관한 것으로 넘어갔다. 괴테는 이 위대한 작가의 가치를 이전에 벌써 알아보고 경탄해 마지않으면서 했던 많은 말들을 수시로 반복하여 들려주었다.

"선생님이 바이런에 대해서 말씀하신 모든 것에 대해 저는 진심으로 공감합니다." 하고 내가 대답했다. "하지만 그 천분을 타고난 시인이 아무리 중요하고 위대하다 할지라도, 저로서는 그의 작품들에서 '순수한 인간 형성'을 위한 결정적인 이득을 길어 올릴 수 있는지 의심이 갑니다."

"난 자네 의견에 반대야." 하고 괴테가 대답했다. "바이런의 대담성, 당돌함과 웅대함, 이 모든 게 인격 형성에 도움이 되는 것이 아니겠나? 한 치의 오차도 없는 순수함과 도덕성만을 인격 형성의 기준으로 삼는 것은 피해야 하네. 모든 위대함은 우리가 그것을 알아차리는 순간 우리의 인격을 높여주는 걸세."(P. 435-436)

숱한 염문艷聞의 주인공으로서 영웅적 이미지 그대로 자신의 신념대로 그리스 전쟁에 참전하여 말라리아에 걸려 34세의 나이로 홀연히 생을 마감한 바이런(1824.4.19.). 그 영웅의 마음속에도 채워지지 않는 애잔한 사랑의 질곡이 있었다니! 이복형제인 어거스타 리와의 근친상간 혐의로 영국에서 영원히 추방된 바이런이었으니. 레이디 캐롤라인 램이 남장을 하고 파티장에 가서 비수를 뽑아들던 장면이 얼핏 스친다. 바이런 경의 일생이 영웅적 극시 그 자체라고 하겠는데, 여기서 잠깐 그의 죽음을 애도한 로버트 피어스의 글을 옮긴다.

영국 땅에서 배척당한 바이런은 투르크족을 내쫓고 그리스에 독립을 선사하겠다는 못다 이룬 꿈을 남긴 채 그리스에서 죽는다.
조국에서 그는 명성을 얻지 못했다. "미치고, 불량하고, 알고 지내기 위험한 인물이라는 평판이 「차일드 해럴드의 여행」을 집필한 시인으로서의 명성을 가렸던 것이다. 결혼생활이 파경을 맞고 근친상간을 저질렀다는 비난을 받은 이후 바이런은 1816년에 영국을 떠나서는 다시는 돌아가지 않았다.
유럽대륙에서 그는 자유를 찾는 이들로부터 사랑받았으며, 1824년 1월 그리스의 메솔롱기온에 갔을 때는 열광적인 환영을 받았다.

그는 '바이런 여단'을 조직해 레판토 요새를 공격하고 투르크인들을 몰아낼 계획을 구상했다. 이는 바이런이 1810년 헬레스폰트 해협에서 수영을 즐길 때부터 지녔던 그리스의 독립에 대한 집념을 성취하기에 꼭 어울리는 수단이었다.

현실은 로맨스와 너무도 달랐다. 열광적인 반응을 보였던 이들은 대부분 선원이었는데, 바이런이 그들에게 임금을 주었기 때문에 환호한 것이었다. 게다가 지역 주민들은 서로 다툼을 멈추지 않아 투르크족과 맞서 단결하기에는 역부족이었다. 비는 끝도 없이 쏟아졌고, 바이런의 건강은 악화되었다. 몸 상태가 점차 악화됐는데, 분명 말라리아 때문이었을 것이다. 그는 발작적인 구토에 시달렸다.

의사들은 온전한 정신을 유지하게 하는 유일한 방법으로 사혈瀉血 요법을 행했지만 곧 바이런은 정신착란에 빠졌다. 4월 19일, 거머리가 빨게 한 머리의 자국에서 피를 흘리며 바이런은 숨을 거두었다. 세인트 폴 성당(St Paul Cathedral)이나 웨스트민스터 사원(Westminster Abbey)에 그를 안치하고자 하는 요청은 거부됐다. 동료 낭만주의자들이 전하는 낭만적이고도 비극적인 최후는 바이런의 삶을 전설로 승화시키고 그리스 독립의 대의를 고취高趣시키기에 부족함이 없었다.

여기서 내가 놀란 것은 괴테란 위인이 다른 사람의 위대함을 알아보고 존중하는 대범함이 마치 동양의 군자의 상과 방불하지 않드뇨? 한 사람의 업적을 편견 없이 평가하고 호오好惡의 평판이 극렬한 한 인물의 성가聲價를 그대로 존중하는 괴테의 발언은 의미심장하다. 내가 바이런을 좋아한 것은 그의 시보다도 "신이 총애하는 사람은 일찍 데려간다"는 그 말이 젊은 날의 내 영혼을 울렸기 때문이다. 온갖 세파에 시달릴 대로 시달리다가 급기야 타락의 늪에 허우적대며 오로지 허영심에 사로잡혀 길을 잃고 날뛰는 범인들이라도 바이런의 이 말은 가슴에 박히지 않겠느뇨? 구부정한 노옹老翁이 더더욱 혜성처럼 여름날 무지개처럼 휘황찬란하게 산중턱에 걸려 있다가 삽시간에 사라지는 고귀한 천재들의 죽음을 애석해하는 것은 불을 보듯 환하지 않드뇨? 고작 바이런이 뱉은 말 한마디를 가슴에 품었던 나에게 괴테는 바이런의 위대함을 일언지하에 깨우쳐 준다.

무더위에 지친 오늘 이런 위인들의 한담閑談은 얼마쯤 더위를 식혀 줄 뿐 아니라 옹졸한 나의 잡념들을 털어 버리게 한다. 근 이백 년 전의 현자賢者들의 겸허謙虛한 말 한 마디가 나의 가슴속을 이렇게 두근거리게 한다. "모든 위대함은 우리가 그것을 알아차리는 순간 우리의 인격을 높여주는 걸세."

사족蛇足으로 바이런의 시를 인용한다.

"저를 어떻게 사랑하게 되었나요?"
아, 그것을 내게 묻다니 참으로 가혹하군요.
그 많은 눈길을 읽으시고도.
그대를 바라볼 때 나의 인생은 시작된답니다.

우리 사랑의 종말을 알고 싶으신가요?
미래가 두려워서 마음은 제자리이지만
사랑은 끝없는 슬픔의 끝을 헤매며

내 삶이 끝나는 그날까지 살아가게 될 거예요.
- 바이런 「어떻게 사랑하게 되었느냐 묻기에」

낭만적 시인으로서 자신의 시처럼 죽음까지 영웅적으로 장식한 바이런.

"사랑은 끝없는 슬픔의 끝을 헤매며/ 내 삶이 끝나는 그날까지 살아가게 될 거예요."

그의 객사를 기구한 행로라 해야 되나. 아아!

괴테의 색채론에 대한 논쟁
– 요한 페터 에커만 『괴테와의 대화』

먼저 결론부터 인용한다.

　문학작품의 경우에는 언제나 관용적인 태도를 견지하며 모든 설득력 있는 반대 견해를 받아들였던 괴테가 그의 색채이론에 있어서는 반대 의견을 잘 수용하지 못했던 것은 문제라고 할 수 있다. 시인으로서의 그에게는 세상 사람들로부터 최상의 찬사가 주어졌지만, 그의 모든 작품들 가운데서 가장 방대하고 가장 난해한 "색채론"은 오직 비난만 들어야 했던 것이다. 반평생 동안 사방으로부터 도저히 납득할 수 없는 반론에 부딪쳐 왔으므로 그가 시종일관 일종의 도발적인 전투 상태를 견지하면서 열정적인 반대를 위한 만반의 태세를 갖추어야만 했던 것은 어쩌면 당연한 일이 아니겠는가.
　그의 색채론과 관련지어 볼 때 그는 마치 선량한 어머니와도 같다. 자신의 뛰어난 아이가 다른 사람들로부터 인정을 받지 못하면 못할수록, 그 아이를 더욱더 사랑할 수밖에 없는 어머니 말이다.
　괴테는 거듭해서 말하곤 했었다. "내가 시인으로서 남긴 업적은 아무것도 아닌 것으로 여겨지네. 뛰어난 시인들이 나와 함께 살아왔고, 내 이전에도 더욱 뛰어난 시인들이 있었으며, 내가 죽은 후에도 있을 테니까. 그러나 내가 금세기에 있어서 색채론이라는 난해한 학문의 영역에서 올바른 것을 알고 있는 유일한 사람이라는 사실만은 자부하고 있으며, 그 점에서 다른 많은 사람들에 대해 우월감을 가지고 있는 것이네.(p467-p 468)

괴테와 같은 인물에게도 이런 옹고집이 있었고 그런 편향된 경위까지 포용하는 에커만의 글은 독자로 하여금 회심의 미소를 짓게 한다. 뻔한 사실을 받아들이지 못하는 마음의 아픈 구석이 누구에게나 있다는 발견은 오히려 우리에게 큰 위안이 된다. 역설적으로 우리 속에 깃든 내면의 위대성이란 보석과 직면하게 된다. 먼 곳의 존재가 아닌 우리 속의 위대함을 발견하는 노력이야말로 너나없이 짊어져야할 바위이려니! 여기서 에커만의 관찰의 기록을 소개한다. 에커만의 과학적 정신을 한번 보자.

나는 다시 여기저기를 둘러보았다. 그런데 보라! 수수께끼의 해결책이 나에게 떠올랐다. 나는 혼잣말로 말했다. 그건 바로 푸른 하늘의 반사광이 아닌가? 응달의 그림자가 그 반사광을 끌어당겼고, 그 반사광도 응달의 그림자 속에 자신을 정착시키려고 하지 않는가? 왜냐하면 색채론에도 다음과 같이 쓰여 있기 때문이다. "색채는 그림자와 친척관계에 있다. 색채는 일단 계기가 주어지기만 한다면 그림자와 기꺼이 결합하며, 그림자 속에서 그리고 그림자를 통하여 우리에게 나타난다."

그 후 며칠 동안에도 나의 가설의 정당성이 입증되었다. 나는 들판으로 나갔다. 하늘은 푸르지 않았다. 태양은 연무煙霧와도 비슷한 안개를 통하여 비치면서 눈 덮인 들판을 짙은 황색으로 물들였다. 태양빛은 충분히 강렬하여 분명한 그림자가 생겨날 수 없을 정도였다. 괴테의 이론에 따르자면 이러한 경우에는 대립색으로서 선명한 청색이 생겨나야만 했다. 그러나 청색은 생겨나지 않았고, 그림자는 '회색' 그대로였다.

 다음 날 아침, 하늘에는 구름이 끼어 있었고 태양이 이따금 그 사이로 비치면서 눈 위에 분명한 그림자를 드리웠다. 그러나 그림자들은 어제와 마찬가지로 '청색'이 아니라 회색이었다. 두 경우에 있어서 푸른 하늘의 반사광은 그림자를 채색하는 데 아무런 영향도 주지 않았다.

 그에 따라 나는 충분한 확신을 얻게 되었다. 이러한 현상에 대한 괴테의 유추는 자연에 의하여 참된 것으로 입증되지 않았으며, "색채론"에서 이 현상을 다루고 있는 단락들은 반드시 수정될 필요가 있는 것이었다.(p 460-p461)

무더위가 고약하게 지속되는 중복.
거실의 데크(deck) 문에 바짝 붙어 자다보면 어느 결에 푸른 달빛 이불이 나를 덮고 있다. 제사가 끝나면 새벽까지 제사떡을 이웃집에 돌리던 어린 시절 나의 뇌수에 박힌 창망한 푸른 달빛의 비밀을 에커만이 풀어 준 것이다! 촛불 심지를 계속 바라보면 에커만의 관찰 결과에 동조를 하게 되리라.

 동트는 아침이나 달빛이 창백한 빛을 던진다는 사실은 잘 알려져 있다. 동틀녘이나 달빛 속에서 비치는 얼굴은 경험에서 충분히 알 수 있듯이 창백하게 보인다. 셰익스피어도 이 점을 잘 알고 있었던 것으로 보인다. 왜냐하면 저 특별한 장면, 즉 로미오가 동이 틀 무렵 그의 연인 곁을 떠나 야외로 나갔을 때 그 모습이 갑자기 창백하게 변하는 것은 셰익스피어가 그러한 현상에 대해 정통하고 있었음을 말해주기 때문이다. 그러한 빛 자체가 옅은 녹색이나 푸르스름한 색을 가지고 있음을 충분히 암시한다. 말하자면 그러한 빛은 옅은 청색이나 옅은 녹색 유리로 만든 거울과 동일한 작용을 하는 것이다. 그 점을 더 분명히 말해준다.

 정신의 눈에 보이는 빛은 완벽한 흰색이라고 보아도 좋을 것이다. 그러나 육체의 눈에 의해 감지되는 경험상의 빛이 그러한 순수한 흰색의 상태로 보일 가능성은 거의 없다. 오히려 그러한 빛은 안개라든지 그 밖의 것에 의해 변형되어 양陽의 영역으로 기울거나 음陰의 영역으로 기운다. 다시 말해 황색이나 청색의 색조를 띠고 나타나려는 경향을 가지고 있다. 직접적으로 비치는 햇빛은 그러한 경우에 분명하게 양의 영역, 즉 황색의 영역으로 기울며, 촛불의 경우도 마찬가지이다. 그러나 달빛과 동틀녘 혹은 황혼 무렵의 일광은 둘 다 직사광이 아니고 간접광이며, 더욱이 어스름과 밤에 의해 변형되어 수동의 영역으로 기울면서, 우리 눈에는 푸르스름한 색조로 보이게 되는 것이다.

 어스름한 무렵이나 달빛 아래서 흰색의 종이 한 장을 바닥에 놓아 그 절반은 달빛이나 일광에 의해 비치게 하고 다른 절반은 촛불에 비치도록 만들자. 그러면 종이의 절반은 옅은 청색의 색조를 띠게 되고 다른 절반은 옅은 황색의 색조를 띠게 된다. 그렇게 하여 두 종류의 빛은 그림자가 더해지지도 않고 주관적으로 상승되지도 않은 상황에서 이미 양의 영역이나 음의 영역에 속해 있다는 사실이 드러난다.

 그러므로 나의 관찰의 결론은 이렇다. 유색의 이중 그림자에 관한 괴테의 이론도 전적으로 타당하지는 않다. 이 현상에 있어서 괴테가 관찰했던 것보다는 객관적인 요소가 더욱 강하게 작용하고 있으며, 주관적인 유도誘導의 법칙은 이 경우에 있어서 부차적일 뿐이라는 사실이다.

두 사람은 이런 와중에도 함께 식사를 하고 일어나 창가에 서있는 괴테에게로 가서 손을 잡는다. 괴테가 비난을 하더라도 에커만 본인은 "그를 사랑하고 있으며 또 옳은 것은 내(에커만) 쪽이고 그(괴테)가 고통을 받고 있는 쪽이라는 느낌이 들었기 때문이다."라는 고백이 나온다. 비록 괴테가 에커만에게 이단자라는 심한 말을 했어도 그 두 사람의 관계는 끄떡없이 이어져 종국에는 방대한 저서로 탈바꿈되어 우리에게 한 교시가 되어주고 있으니!

연자演者의 변辯

  2008년부터 〈문학과 의학의 만남〉을 필두筆頭로 매년 본과 1학년 1학기에 학생들을 만나 2시간을 보낸 기록을 정리하고 보니 감회가 새롭다. 학생들을 가르쳤다기보다 구세대인 나로서는 젊은 세대와의 소통이라는 절호의 기회를 누렸다고 하겠다. 우리 학생들은 출결出缺에 목숨을 걸고 과제물 제출에도 컴퓨터처럼 정확하였다. 유급이라는 장애물을 앞에 둔 의학생들이라손 치더라도 몹시 치열하구나 절감하며 의사가 되기 위한 관문의 행로란 "고되고 또 고되다"는 탄식이 나왔다.

  애초 책을 쓰겠다는 생각 같은 것은 전혀 없었다. 단지 새로운 분야를 후배들에게 가르쳐야 되는 부담이 만만치 않았음을 고백한다. 의대 교육 관계자들로서는 메디칼 모델에 치우친 의학교육의 맹점을 보완하려는 혁신적인 기획인데 연자로서는 망망대해에서 콩을 찾아야 되는 듯 어깨가 무거웠다. 궁여지책窮餘之策으로 책을 선정하고 미리 읽고 에세이를 써 보내라고 주문하였다. 뜻밖으로 학생들이 열정적으로 응해주었다. 읽고 보니 뛰어난 글과 아름다운 생각을 품고 있는 학생들이 부지기수였다.

혼자 보기 아까워 책을 내겠다는 생각을 하게 된 것은 벌써 오래전부터였으나 십여 년이 훌쩍 지난 계묘년癸卯年에 이르러 상재上梓를 한다. 출판에 적극 호응했던, 뛰어난 통찰과 심오한 견해를 담은 학생들의 글을 다 싣지 못한 점 지면을 빌려 사죄謝罪를 드린다. 여기 실린 글은 출판에 동의를 표한 학생들에 한해서 실었다. 한사코 거부를 한 학생들을 보며 이미 구세대에 속하는 나는 시대가 전광석화電光石火처럼 변하였다는 것을 실감하였다. 보내온 의학생들 에세이는 답장을 해주었다. 기특하게도 감사의 메시지를 보내오는 학생도 속속 있었다. 질문을 편지로 보내면 비호같이 답을 보내주셨던 인스티튜(Institute of Psychiatry 런던 정신의학연구소)의 Prof. Shepherd, Prof. Russel과 Prof. Lishman 등 이미 고인이 되신 영국인 스승들의 엄격한 가르침을 어찌 저버리겠는가? 컴퓨터에 그대로 저장되어 있는 학생들과 오고 간 메일은 의학도들의 양심과 고뇌의 편린을 느낄 수 있는 산 기록이라고 하겠다. 비록 학생들과의 교신交信까지는 책에 싣지 못했지만 이 학생들이 장래 우리나라 의료계를 끌고 갈 동량지재棟梁之才들이라 생각하면 나의 자랑과 기대는 하늘을 찌른다.

앞으로 이들이 의사가 되어 장차 만날 환자와 질병군의 다양성과 변이에 대해서는 이들은 물론 그 누구도 예측을 하지 못한다. 더욱이 인류에게 미증유의 공포이자 위기였던 코로나 블루를 꼬박 3년을 앓고 겨우 마스크를 벗고 다니는 작금이지만 살얼음판을 걷듯 조심스럽기는 매한가지다. 그래도 다행인 것은 3년이란 암중모색의 고난을 통해 우리의 면역력뿐 아니라 코로나 변종에 대한 패닉상태에도 적응이 되어 인플루엔자를 대하듯 담대하게 감내해 간다는 사실이다. 그럼에도 불구하고 우한폐렴의 출현으로 인류멸망의 위기감 속에 벌벌 떨었던 지난 시간들의 악몽은 결코 쉽게 잊히지 않으리라.

무의식적인 예방의 노력도 일상에서 자리 잡았다. 나는 지금도 악수할 때 주먹이 펴지지 않는다. 겉보기와 달리 속으로 오돌오돌 떨었던 모양이다. 손을 수십 번 씻는 나의 버릇뿐만 아니라 다른 분들도 손씻기가 얼마나 중요한가를 체득하였으리라. 손소독제가 어디 가나 비치되어 있다.

우리가 온갖 대비를 한다하여도 어느 날 불현듯 어떤 괴이한 변종의 출현으로 지구촌이 암흑에 쌓여 벌벌 떨지 아무도 모른다. 코로나가 중국 우한에서 돌발되었을 당시의 경악과 혼비백산을 돌이켜 보라. 날이 갈수록 덮쳐오던 확진자의 증가와 사망자의 뉴스는 가히 가공할 파국破局이었다. 페스트와 같은 판데믹 현상이 어디까지 갈지 아무도 모르고 온갖 억측과 그럴듯한 논리와 학설이 난무했다. 집 밖에 나가는 것이 두렵고 사람과 사람이 서로 접촉을 멀리해야 되는 언택트(Untact) 시기가 끝이 보이지 않았다. 확진자 숫자를 알려오면 마치 2차대전시에 부상자 명단을 신문에 알렸던 장면이 겹치곤 했다. 공습경보가 나면 방공호로 달려가는 대신 자기 집이라는 방공호에 숨어서 일상을 견뎌야 했다.

모든 회합이 중단되고 미사도 중단되어 집에서 방송이나 유튜브로 미사를 보고 영성체만 배령하러 성당을 달려갔다. 확진자 발생으로 병원외래가 9일간 정지되었다. 식당까지 폐쇄되어 도시락 배달로 점심을 때웠다. 코로나가 3년은 지속될 것이라는 미래학자들 예측대로 3년이 다 되어가던 지난 크리스마스 시즌에 줄기차게 버티던 나도 오미크론 변종에 무릎을 꿇었다. 12월 19일부터 자가격리가 시작되어 12월 25일 자정에 해지되었다. 그나마 다행인 것은 화이저 덕분에 팍스로비나를 복용하자 타는 듯 아프던 인후통이 씻은 듯이 가라앉아 나의 자가격리는 오히려 호젓한 시간이 되었다.

　제랄드 허트슨의 「코비드-19」를 애써 들여다보았다. 여덟 개 카테고리를 설정하고 발생율과 사망율이 제로점에 달하면 코비드-19가 종식되리라는 가정인데, 미국과 전 세계의 비교 자체가 무리하나 통계적 접근을 위한 대안으로 보인다. 코로나 종식을 염원하는 지구촌의 절규가 이런 징표로 표출된다고 나름 수긍하고 데크로 나와 겨울 찬 바람을 맞으니 언택트의 휴식이 사막의 오아시스처럼 생기를 주었다. 올리베따노 수도원에서 크리스마스를 보내려던 야심찬 희망이 무산된 것을 빼면 침묵 속에 그리스도 탄생의 의미를 성찰하라는 계시로 받아들였다. 팥죽을 들고 온 우진이가 철문을 열고 정원까지 들어왔으나 대면은 못하고 2층 창의 할머니를 올려다보던 모습이 눈에 밟힌다. 동생인 우림이 녀석은 다롱이 펜스로 가기 바쁘다. 날마다 테레사 선생님의 문안 전화가 와서 조금도 무료할 겨를이 없었다. 올리베따노 수도원의 수사님도 취소에 대해 거북해하기는커녕 빨리 쾌유하시라는 심심한 위문의 인사를 전해왔다.

　가물가물한 기억들을 되살려 지난 시간을 되짚어 본다.

비대면 강의를 하느라 의과대학 강의실에 가서 비지땀을 흘렸던 일과 줌 강의를 했던 기억이 새롭다. 대망을 품고 의과대학에 입학한 학생들은 얼마나 고초苦楚가 컸을까? 입학식 등 중요한 의식儀式(ceremony)도 없이 클라스메이트 얼굴도 못 보고 미팅은 더군다나 꿈도 못 꾸고 귀한 학창시절을 보낸 불운한 세대임에도 줌 강의에 일찍부터 들어와 기다리는 모범을 보였다. 언제 끝날지 앞이 안 보이던 나날 속에서 집이라는 방공호(?) 속에서 이를 물고 불철주야 의학을 공부한 코비드-19 시기의 이 학생들은 참호 속에서 최고의 철학서를 집필한 비트겐슈타인[2]처럼 대학자가 되지 않을까?

고통은 변형된 축복이라는 말처럼 이들이 겪은 코로나 위기는 다른 어느 세대보다 더 강인한 정신력을 길러 줬으리라는 게 나의 믿음이다. 온갖 비방 속에서도 글을 써서 기어코 농노해방이라는, 멍에를

---

2 루트비히 요제프 요한 비트겐슈타인(독일어: Ludwig Josef Johann Wittgenstein, 1889년 4월 26일 ~ 1951년 4월 29일)은 논리학, 수학 철학, 심리 철학, 언어 철학을 다룬 오스트리아와 영국의 철학자이다. 비트겐슈타인은 논리 실증주의와 일상 언어 철학에 영향을 끼쳤고 분석 철학을 대표하는 인물로 알려져 있다.
20세기 말 한 철학 포럼이 정리한 세기를 대표하는 철학에서도 비트겐슈타인의 《논리 철학 논고》와 《철학 탐구》는 상위 5위권에 모두 선정되었다. 비트겐슈타인의 사상은 후일 인문학과 사회 과학의 여러 방면에 영향을 주었고 예술가들에게도 전파되었다.
비트겐슈타인의 사상은 《논리 철학 논고》로 대표되는 전기와 《철학 탐구》로 대표되는 후기로 나뉜다. 《논리 철학 논고》에 나타난 전기 사상이 명제에 사용된 낱말의 은유다운 관계를 분석하여 기존 철학에서 잘못된 개념 탓에 빚어진 논리에 상충하는 점을 지목하는 데 집중된 반면, 후기 사상은 언어-놀이에서 상호 변환되는 자연 언어가 논리에 부합한 구조로 정형화한 언어와는 다른 의미가 있다는 점을 역설하는 데 중심이 놓여 있다. 비트겐슈타인은 "단어의 의미는 주어진 언어-놀이 안에서 그 단어들이 사용될 때 가장 잘 이해된다"라고 주장하였는데 이것은 비트겐슈타인의 후기 사상을 대표하는 말이다.

벗게 해 준 투르게네프는 말년에 옥스퍼드가 명예법학박사 학위란 영예를 안겨서 작가의 노년을 크게 위로하였다. 옥스퍼드 학부 출신인 대처 수상에게 명예박사학위를 거부하여 철의 여인 대처도 분노하여 기부금을 라이벌인 캠브리지로 던진 것은 실제 있었던 일이다. 수상이라

마침 리쉬만 교수와 『아버지와 아들』에 관해 오고간 편지가 있어 수록한다.

해도 옥스퍼드가 추구하는 학문적 이상에 미치지 못하면 수여하지 않는 혁혁한 전통이 고수되는 것을 볼 때, 투르게네프란 작가가 인류의 존엄성이란 가치에 헌신한 정신은 아무리 강조해도 모자라자 않는다고 하겠다. 투르게네프를 소개한 나의 의도에 공명하고, 작가의 사명과 의사의 사명이 결코 다르지 않음을 간파한 우리 학생들에게 이 책을 바치며 두서없는 "나의 한마디"를 마친다.

감사의 인사

정상준 총대께

어제 바로 연락을 못 드린 점 다시 한 번 사과드립니다.

밤늦게 메시지를 봤고, 아침에 또 급한 일 그리고 컴퓨터를 늦게 열어 봐서 더욱….

총대로서 진지하게 과제에 임하는 자세가 무척 보기 좋습니다. 공부하기도 벅찬 본과 1학년 1학기인데 코로나 사태까지 맞아 격동기를 보내고 있군요.

이 서문은 오래전에 써놨던 글이 툭 튀어나와 아직 더 추고를 해야겠지만 나의 마음속 생각을 총대께 알리고 싶어 용기를 내어 보냅니다. 책 제목도 학생들 세대에 맞는 제목이 떠오르면 좋겠네요. 아무래도 저는 한문세대라 어휘나 문맥이 젊은 세대들에게는 어색하지 않나 하는 생각이 듭니다.

총대단과의 식사는 동문 몇 분들도 함께 초대해 여러분들과 자리를 함께 할 요량입니다. 어려운 때일수록 따뜻한 식사를 하며 힘을 북돋우는 게 좋겠습니다.

코로나 사태는 일기를 쓰듯 주변에서 일어나는 일을 기록해 보세

요. 투르게네프의 『아버지와 아들』은 고전으로서 아름다운 작품입니다. 막상 의사가 되면 그 때는 또 그때대로 정신없이 바빠 책 한 권 제대로 못 보게 됩니다.

의학생으로서 하루쯤 고전을 접하고 그 시대로 돌아가 오늘을 비교해 보는 것도 결코 무익하지 않은 시간이라 굳게 믿습니다. 감사와 치하의 마음에서 부끄러운 서문 한 토막을 보냅니다. 여러분 선배들이 제출한 에세이는 차곡차곡 쌓여 있어 언제라도 편집이 될 날을 오래 기다리고 있는 형국입니다.

청명 한식에 수상록 『아침 무지개를 꿈꾸며』를 내보낸 후 격려에 힘입어 숨어 있던 글들을 묶었다. 의창 속에 비친 그때그때 벌어지는 세태에 대해 나름대로 발언한 글들이다. 뒤돌아보건대, 한국적 의료 제도 속에서 적나라한 토로, 울분과 항의의 표명이 어찌 비단 나 개인의 절규로 그칠 일이었으랴? 밀레니엄이 열리기 전, 대희년의 환희로 들뜨던 그 무렵에 의약분업 반대로 거리로 뛰쳐나갔고 급기야 집단투쟁을 결의하며 삭발시위까지 감행했던 쓰디쓴 장면 하며 여론의 뭇매를 맞고 두 손을 들고 맥없이 각자의 자리로 되돌아갔던 날들, 타다 만 모닥불 같은 그을음만 심하게 남은 등경처럼 난처하였던 우리 세대들의 비탄과 냉랭한 여론의 공세는 지금 어디서 또 누구를 향하여 시위를 돌리고 있을까?

의약분업 투쟁 이후 모교 후배들 1학년 2학기와 2학년 1학기 PDS(Patient, Doctor and Society)의 의학과 문학의 만남을 메꾼 현재까지의 기록이 수록되었다. 의료봉사 참여 기록을 구태여 싣는 것은 미진한 내용이나 그래도 혹 후학들이 직업적 의무를 벗어나 참여와 연대라는 사회적 책무에 일말의 관점을 갖게 된다면 다행일진저. 앞으로 젊은 후학들이 선서할 히포크라테스 정신이 어디로 발휘될지를 가늠하기 위한 간곡한 희원의 메시지가 담겨 있으려니.

마지막으로 〈문학과 의학의 만남〉의 장에 게재를 쾌히 동의를 해준 의전원 학생들에게 감사드립니다. 사람마다 개성이 다르듯 학년마다 PDS에 대한 인식의 차이를 발견한 것도 흥미로운 일입니다. 해마다 제출된 학생들 글 중에서 주로 비판적인 글을 싣습니다. 이 학생들이 던지는 냉철한 비판은 앞으로 의료 인문학이 넘어야 할 당면과제이겠습니다. 쾌도난마의 학생들 글을 읽으며 충천하는 세대의 정의감과 세상을 바꿀 의지와 넘치는 열정을 느낍니다. 어쩌면 미흡하나마 부끄러움을 무릅쓰고 『의료 인문학 산책』을 내보내는 속내도 여기에 있다 하겠습니다. 암중모색의 길을 헤쳐 간 선배들의 발자국이 의미 있기 위해서도 뒤이은 세대들은 그런 과오와 회한과 비굴한 타협이 용납되지 않는 건강한 의료사회 행복한 의료사회의 주역이 되기를 충심으로 기대합니다. 그대들은 다가올 미래의 어느 시점에 보다 나은 의료제도(세상) 속에서 이 사회에서 존경받는 의사로서 마음껏 꿈을 펼치는 그런 의사가 될지어니! 나의 이 열망이 이 책을 엮게 한 것이라면 이 책의 헌사는 어쩌면 학생들의 순수한 열정과 드높은 이상이 마땅히 누려야 될 보답이겠습니다.

'더도 말고 덜도 말고 한가위 같으소서!'라는 이 중추절에 머문 베네딕트 수도원 화순 분원 게스트 하우스 앞 관목숲에서 불어오는 상쾌한 바람과 귀를 간질이는 새소리는 천국의 기쁨이 아니고 무엇이리오!

2012. 10. 1.

우당 심정임 재배

의료 인문학 산책

제2장

의학과 **문학**의 만남

제2장에서는 의과대 학생들이 투루게네프의 『아버지와 아들』을 비롯한 여러 문학작품을 읽고 문학이 말하고자 하는 것을 이해하고 분석을 통해 삶의 방향을 제시하는 등 감상을 자유롭게 서술한 내용이다.

『아버지와 아들』을 읽고

강대규

  소설 제목의 원뜻은 『아버지들과 아이들』이지만 두 세대의 대립과 갈등을 강조하기 위해 『아버지와 아들』로 굳어졌다고 한다. 아들들을 대표하는 인물은 주인공 바자로프와 그의 대학 동창인 아르카디 키르사노프이다. 아버지들을 대표하는 인물은 아르카디의 아버지인 니콜라이와 아르카디의 큰아버지인 파벨이며 이들 네 사람은 당대 러시아 사회가 떠안고 있던 온갖 현안 문제들에 대해서 사사건건 견해를 달리하고 날카롭게 대립한다. 파벨이 보기에 바자로프는 '몹시 오만하고 뻔뻔스러운 냉소주의자이자 천한 놈'일 뿐이었고, 바자로프에게 파벨은 철저한 귀족주의자이자 시대에 뒤떨어진 '낡은 현상'일 뿐이었다. 이 책에서는 젊은 세대와 나이든 세대 사이의 '세대 갈등'만 담겨 있기보다 사랑에 대한 묘사도 상당히 많이 담겨 있다. 바자로프는 자칭 니힐리스트로서 '사랑의 감정' 자체를 냉소하고 배척하려 애쓰지만, 아름답고 지적인 젊은 과부인 오딘초바 앞에서는 자신의 신념마저 속절없이 무너지는 걸 절감한다. 다만, 안정과 평온을 선택하는 오딘초바는 냉정하고도 이기적이었고 이루어질 수 없는 사랑 때문에 아파하면서도 스스로 위로하고, 아픈 사랑에 대한 미련과 회한 때문에 괴로워하면서도 도리어 안도하는, 그런 두 사람 사이의 대화는 오래도록 기억에 남을 정도로 매혹적이다. 특히 티푸스에 걸려 죽음을 맞이하는 바자로프의 오딘초바를 향한 마지막 대사는 상당히 인상적이다. "아, 당신에게 무슨 말을 해야만 하는 데…. 저는 당신을 사랑했습니다! 이것은 전에도 아무런 의미가 없었지만 지금은 더욱 그러합니다. 사랑은 하나의 존재 형태인데, 나 자신의 형태가 이미 해체되고 있으니까요." 이처럼 이 책은 세대 간의 사회, 정치적 갈등을 그린 소설이면서도 연애 혹은 가족의 모습을 그린 소설이기도 하다.

  이 소설이 쓰인 옛날이나 지금이나 세대 간의 격차는 꾸준한 갈등을 빚어오고 있다. 최근 우리 사회에서는 세대뿐만 아니라 지역, 성별 등으로 인한 여러 갈등이 끊임없이 발생하고 있다. 젊은 세대는 나이든 세대를 통틀어 "꼰대"라고 욕하며 존중하지 않고, 나이든 세대는 젊은 세대가 경험이 적다는 이유로 무시하곤 한다. 여성들은 자신들이 받은 성차별에 대해 이야기하고 이를 바로잡으려 노력하지만 그 과정에서 남성들은 역차별을 받는다고 주장하기도 한다. 이는 모든 사람들이 각각의 위치와 상황이 다르기 때문에 발생하는 당연한 문제인 것 같다. 갈등이란 때로는 불필요해 보이고 부정적으로 다가오지만 우리는 갈등을 통해 서로의 생각을 알아볼 수 있고 이해할 수 있다고 생각한다.

트루게네프의 『아버지와 아들』을 읽고

김영식

　아버지와 아들은 아버지 세대인 구세대와 아들 세대인 신세대의 갈등을 보여주고 있다. 아버지 세대인 니콜라이와 파벨은 낭만주의적 사상으로 아들 세대가 급진적이라고 생각하고 있으며 아들 세대인 아르카디와 바자로프는 니힐리스트이자 진보적이며 아버지 세대가 보수적이라고 생각하며 갈등이 이어지고 있다. 파벨은 과거에는 스스로 자유주의자라고 생각했지만 자신과 다른 젊은 세대의 견해를 받아들이지 않는다. 이러한 모습들은 우리가 경험하고 있는 세대 간 갈등에서 볼 수 있다. 실제로 아버지와 아들을 읽으면서 세대 간 갈등의 양상이 나와 나의 아버지와의 갈등과 내용은 다를지라도 구도가 비슷함을 느낄 수 있었고 이러한 양상은 아주 오랫동안 이어져 왔다는 것을 깨달았다. 앞으로 내가 구세대가 되었을 때 어떤 자세를 취하게 될까 하는 상상을 해보았다.

구세대와 신세대의 화해
– 투르게네프 『아버지와 아들』

김지완

   1859년 모월 20일에 두 젊은이가 성 페테르부르그 대학에서 학업을 끝내고 러시아의 시골로 귀향한다. 첫 번째 기착지는 아르카디의 아버지 니콜라이의 영지인 아리노다. 그 곳에는 큰아버지 파벨과 아버지의 정부 페니치카가 살고 있다. 아르카디와 그의 동반자 바자로프는 철학과 원칙문제를 놓고 파벨과 부딪친다. 열정적인 니힐리스트인 바자로프는 모든 것들이 새 세계가 건설되기 전에 파괴되어야만 한다고 믿는다. 그는 과학과 의학연구에 열중한다.

   몇 주일 후 그들은 아리노를 떠나서 젊은 과부 오딘초바를 만난다. 그들은 그녀에게 매혹되고 매력적인 여자임을 알게 된다. 아르카디는 오딘초바와 전혀 다른 차분한 여동생 카샤를 만나 우정을 맺게 된다. 바자로프는 오딘초바에게 사랑을 거절당하고 그녀의 냉정한 사랑놀이에 격분해서 그는 아르카디와 함께 고향으로 떠난다. 고향에서의 오딘초바와의 사랑 시절의 고통과 부모의 맹목적인 사랑과 지나친 보살핌이 귀찮아서 3일 만에 집을 떠난다.

   오는 길에 오딘초바의 집에 잠깐 들른 후 아리노로 돌아온다. 그리고 자신의 연구에 미친 듯이 몰두한다. 열흘 후 오딘초바를 향한 그리움으로 아르카디는 니꼴스꼬예로 달려가지만 오딘초바의 동생 카샤와의 관계가 깊어진다.

한편 마리노에서 바자로프와 페니치카의 입맞춤에 파벨은 바자로프에게 결투를 신청하고 파벨은 허벅지 부상을 입게 된다. 파벨은 자기 동생에게 결혼하라고 하지만 경건함과 신분차별에 대한 형의 귀족주의적 감정을 고려하여 결혼을 미룬다. 결투 후 바자로프는 니꼴스꼬예에 가서 아르카디와 작별인사를 나눈다. 그리고 집으로 돌아가 아버지의 의료활동을 돕는 중 장티푸스균에 감염된다.

임종이 가까워 온 어느 날, 오딘초바가 의사를 대동하여 그의 병상을 찾아온다. 그는 죽음의 괴로움 속에서 허덕이며 희미해 가는 의식으로 그녀에 대한 사랑을 고백하며 그 무의미를 비웃는다. 부모에게는 한 마디도 입 밖에 내놓지 않았던 부모에 대한 깊은 애정과 슬픔도 고백한다. 그는 강한 의지력으로 죽음을 부정하다가 결국 최후를 맞이한다. 6개월 후 아르카디는 카샤와 결혼하고 그의 아버지도 페니치카와 결혼하고 파벨은 모스크바를 떠난다.

이야기의 핵심은 아버지 세대와 아들 세대, 즉, 구세대와 신세대 사이의 갈등과 대립이다. 구세대는 낭만주의적 사상과 관념론을 바탕으로 시와 음악, 이상과 문학, 로맨스와 예술에 대한 숭배 의식을 가지고 있고, 이는 아버지 세대를 대변하는 니콜라이와 파벨, 특히 파벨에 의해서 두드러진다.

신세대는 허무주의로 정의되는 니힐리즘, 이성적인 사상, 민주주의,

유물론을 지향하고, 사물을 자신의 이득을 기준으로 판단하고 인간의 감성적인 면을 배척하고, 이는 아들 세대를 대변하는 아르카디와 바자로프, 특히 바자로프에 의해서 두드러진다.

 이야기가 전개되면서 주요 대립 구도인 파벨과 바자로프의 갈등과 충돌이 반복되고, 특히 두 사람이 서로에게 총구를 겨누는 장면에서 절정을 맞는다. 하지만 마지막 장면에서 바자로프의 무덤 위에 피어난 꽃은 자연의 위대한 평화와 영원한 화해를 말해준다고 작자는 언급한다. 결과적으로 작자는 마지막으로 구세대와 신세대의 화해를 시도하고 있는 것이다.

괴테의 『이태리 기행』을 읽고

박진배

　『이태리 기행』은 근현대 독일의 가장 위대한 문인으로 손꼽히는 작가인 요한 볼프강 폰 괴테가 1786년 9월에서 1788년 4월까지 약 2년간 이탈리아를 여행하면서 본 것과 느낀 것을 기록해 놓은 여행기 형식의 수필이다. 괴테는 바이마르라는 곳에서 하던 공직 생활에 회의를 느껴 이탈리아로 여행을 가게 된다. 이 책은 여행의 진행에 따라 3부로 나누어지는데, 1부는 카를스바트에서 로마까지의 여정, 2부는 나폴리와 시칠리아 섬에서의 여정이고, 3부는 여행의 막바지에 로마에 한 번 더 체류하며 기록한 글들을 여행이 끝난 후 나이가 든 괴테가 모은 것인데, 기억나는 사건이나 그날의 정신적 감흥을 보고報告라는 형식으로 기술하여 삽입한 것이다.

　괴테는 이탈리아의 다양한 곳을 돌아다니며 기행을 쓴다. 그중 기억에 남는 내용은 괴테가 로마에서 만난 밀라노 여자에 대한 내용이다. 괴테는 로마의 한 온천장에 묵을 때 한 로마 여인과 한 밀라노 여인을 만나게 된다. 괴테는 이들과 말도 섞고 게임도 하면서 친해지게 되는데, 자신이 밀라노 여인에게 마음이 있다는 사실을 깨닫게 된다. 괴테는 원래 이탈리아 말을 어느 정도 할 줄 알았지만, 신문을 읽던 도중

개방적이고 활달한 성격의 밀라노 여인이 이탈리아어를 좀 더 세세히 알려주는 모습에 반하게 되고 같은 저녁 모임에 참석하게 된다.

괴테는 다른 사람들이 혼수 얘기와 신랑 얘기를 하는 것을 듣고 그 신부는 바로 밀라노 여자임을 깨닫게 된다. 괴테는 핑계를 대고 모임을 빠져나온 뒤, 다음 날 아침 모임에 참석하지 않고 밖으로 나간다. 그리고 자연 풍경을 보며 찬찬히 다시 생각해 본 결과 그 여자는 그저 평범한 여자로 비춰지며 고상한 의미의 애착을 보낼 수 있게 되었다는, 자신은 더 이상 경솔한 청년이 아니라는 내용의 이야기이다.

『이태리 기행』은 여느 여행기와는 조금 다른 서술 방식을 차용하고 있다. 보통 어느 곳에서 무엇을 하였다는 내용이 주를 이루는 다른 여행기들과는 달리, 여행을 하며 느낀 자신의 감정의 변화와 일상의 이야기를 적은 일기에 더 가까운 듯하다는 느낌을 받는다. 묘사는 세세하다 못해 자못 문학적이고, 여행지에 대한 감상은 단편 소설을 읽는 것 같을 때도 있었다.

재작년, 예과 1학년 여름 방학에 아버지와 함께 유럽 여행을 간 적이 있는데, 그때 이탈리아도 잠깐이지만 한 바퀴 돌았었다. 지금 특별히 기억나는 곳은 로마와 베네치아밖에 없지만, 책을 읽고 난 후에는 괴테도 들렀던 곳이 잠깐이나마 기억나기도 하였다. 여행을 가기 전에 이 책을 한 번 읽고 갔더라면 하는 생각이 든다. 또한 여러 분야의 학문에 조예가 깊은 괴테를 보며 나 또한 하나에만 매달리지 않고 여러 분야를 접하며 다양한 시각을 길러야 함의 필요성을 느끼게 되었다.

투르게네프 『아버지와 아들』

배형우

　책이 쓰여진 시대적인 배경을 고려해 보았을 때, 작가는 이면으로 당시 러시아에서 보이는 이념간의 갈등을, 등장인물(특히 바자로프)을 통해 드러낸 것 같았다. 바자로프는 작품 내에서 극명하게 현실주의, 실질주의적으로 묘사된다. 초반부에 친구의 큰아버지의 손톱을 보며 비판을 하는 모습, 이후 아르카디와의 설전에서 그 모습을 확인할 수 있다. 아르카디가 시든 단풍잎이 떨어지는 모습을 보며 "마치 나비가 날아가는 것 같군"이라고 말할 때, 바자로프는 직설적으로 "제발 꾸민 듯한 말투는 쓰지 말아주게."라고 하는 구절에서 그는 가식적인 모습을 굉장히 싫어하며 실용적인 것만을 중시한다는 점을 확인해볼 수 있다.

　이를 중점으로 이 작품에 접근해 볼 때, 가장 기억이 남는 부분은 바로 파벨과의 갈등이 나타나는 장면이다. 파벨은, 작중 등장인물로 예술을 중시하는 귀족이다. 가식적인 것을 배척하며, 실용적인 과학이나 의학 등을 따르는 바자로프와 정 반대에 위치한 인물이라고 생각하면 될 것 같다. 예술이라든가 그 어떤 권위적인 모습 등을 인정하지 않는 바자로프의 태도에 불만을 가진 파벨은 그에게 결투를 신청한다. 이 장면은 아마도, 러시아가 새로운 사회적 분위기를 맞이하며 겪는 진통을 묘사한 것 같다고 느껴졌다. 중세를 지나 근대로 넘어오면서 이전에 중요시 여기던 가치들과 새로이 중요하게 여겨지는 가치들이 충돌하면서 많은 갈등을 겪었을 것이고, 이를 파벨과 바르자프의 결투로 풀어냈다는 느낌을 받으면서 작품 속의 장면이 더욱 생생하게 느껴졌다. 결투의 결과는, 바자로프의 승리였다. 당시에 과학과 실용의 가치, 이념이 이전의 예술적 가치와 이념을 상대로 우세해지기 시작하였다는 것을 암시하지 않았을까?

그렇지만 주제가 이념간의 '갈등'이라고 생각한다면 실용적 가치의 완전한 승리라고 보기에는 어려울 것이다. 물론 근대시기로 넘어오면서 과학적 근거에 기반한 사고방식이 주류가 되긴 하였지만, 그렇다고 이전까지 중요하게 여겨지던 이념을 없애버린 것은 절대 아니기 때문이다. 이를 작가는 작품에서 바자로프의 죽음으로 표현한 것 같았다. 바자로프는 시체를 해부하다 감염되어 결국 사망한다. 어쩌면 허무하다고 볼 수도 있는데, 그래서 작가는 한편으로 이념에 대해 질문을 던진 것 같아 보였다. 시대적인 흐름은 담아냈지만, 개인적으로는 질문을 던지며 이념 자체를 드러내기보다 '이념의 갈등'을 묘사했다는 점이 재밌게 다가왔다.

이념의 갈등은 현대에서도 끊이지 않고 있다. 하지만 이러한 갈등은, 해결될 수 있는 문제라고는 생각하지 않는다. 각각의 사람마다 갖고 있는, 중요하게 여기는 가치가 모두 다르기 때문에 이러한 갈등이 발생하는 것이므로, 극심한 양분화로 이어지진 말되 건강한 토론의 주제로 남았으면 하는 바이다.

앞서 걸어간 사람이 길을 만들어 주듯

– 투르게네프의 『아버지와 아들』을 읽고

백지우

  이 소설은 농노제도와 전제정치의 종말을 앞두고 러시아의 개혁에 대한 세대, 계층 간의 갈등이 극에 달하고 사상과 정치도 첨예하게 대립되었던 시기를 기반으로 한 소설이다. 관념과 이상의 세대였던 아버지와 급진적 혁명세대인 아들들. 그 두 세대의 갈등이야기이다. 아르카디와 친구 바자로프, 그리고 아르카디의 아버지 니콜라이와 큰아버지 파벨이 글의 중심에 있다.

  바자로프가 좀 더 공손하고, 자신의 생각을 논리정연하게 우회적으로 말했으면 좋았을 텐데, 파벨은 귀족으로서의 모범적인 본보기를 보여주었더라면 좋았을 텐데 하는 아쉬움이 남았다.

  사랑의 무기력이 헛됨이 아니고 화해와 생명의 영원성에 대하여 생각하게 하고, 200년이 지난 소설을 읽고 공감하며 즐거워할 수 있다는 사실이 뿌듯하다. 아직은 인간군상 속의 다양한 모습을 보고 희로애락이나 분노, 안타까움 같은 감정을 느낄 수 있어서 말이다.

  아르카디는 오딘초바의 여동생과 사랑에 빠지고 오해와 충돌로 인해 멀어진 친구 바자로프와의 거리감을 느낀다. 친구와 사랑하는 여인에게 이별을 고하고 집으로 돌아 온 바자로프는 장티푸스로 죽은 시신 해부에 참여했다가 감염되어 허무하게 죽고 만다.

 아르카디나 바자로프 등 인물들의 모순된 사랑을 읽으며 한마디로 정의할 수 없는 것이 사랑이라는 생각이 들었다. 세상에 존재하는 모든 사랑의 형식이 다르고, 과정도 다르며, 결말의 감정 또한 다르다는 생각이다.

 세상에 나아갈 때 거칠 것 없던 바자로프가 허무하게 떠났을 때, 며칠 동안 모든 매체를 뜨겁게 달구고 이슈가 되었던 서울 사립대학교(중앙대학교 의과대학)에 재학중이다가 반포에서 실종된 대학생 손정민이 떠올라 울컥하였다. 불과 집에서 5분 거리에서 실종되었다 발견되어 오늘 발인하며 세상과 부모에게 작별인사를 하였다. 다시 만날 수 있다는 불교의 윤회설을 믿고 싶게 되는 날이다.

 시신 해부에 참여하지 않았더라면, 장티푸스 감염이 아니었다면, 훌륭한 의료인이 되었을 바자로프와 그 날 친구와 만나지 않았더라면, 만난 후 조금 일찍 귀가했더라면, 다른 친구도 있었더라면, 아쉬움이 너무 큰 대학생의 이야기이다.

 어느 시대를 막론하고 자식을 둔 부모의 마음은 같을 것이다. 훌륭한 사회의 구성원이 되기를 바라고, 그 바람이 지나친 간섭으로 세대 간의 갈등원인이 되기도 하지만 갈등의 원인을 서로 이해하고 보완해 나갈 때 더 큰 시너지 효과를 일으킬 것이다.

 앞서 걸어간 사람이 길을 만들어 주듯 그 길을 걷는 현재의 우리는 경험에 의해 학습되어 예방하여 장티푸스에 감염되지 않을 것이고, 안전한 사회생활을 하도록 노력할 것이다.

『괴테와의 대화』를 읽고

손원빈

 한 사람을 온전히 기록한다는 것은 무엇일까? 나이듦에 따라 나이대별로 사진을 남길 수도 있겠고, 그가 이뤄낸 것, 업적 또는 그의 가족, 친구들 자체가 그에 대한 기록일 수도 있겠다. 에커만은 그의 정신적인 지주이자 존경해 마지않는 괴테와의 대화를 기록하는 방식으로 괴테를 기록하기로 했다. 1823년 에커만이 괴테의 집을 처음 방문한 날부터 1832년까지 1000번 가량 괴테를 만나며 그 대화를 기록한 이 책을 읽으며 괴테는 이런 사람이었구나 하는 느낌을 받았다. 이는 그의 생전에 그려진 초상화를 보거나 그가 인류사에 남긴 유산 업적 등을 보고는 받을 수 없는 종류의 느낌이었다. 사람은 다른 사람과 대화를 나눌 때 자신의 인간성과 신념 고집 태도 등을 진정으로 드러내기 마련이다.

 300년 전 한 세대를 살다 간 철학자, 과학자, 문학가인 괴테가 그의 영혼의 친구인 에커만과 나눈 대화들에서 뜻밖에도 현재를 살아가는 나의 인생에 대한 고민의 실마리를 얻은 것 같다. 역시 인간에 관한 사건과 고민들은 반복되기 마련이고, 그렇기에 우리가 역사와 인문학을 항상 머리맡에 두어야 하는 것 같다. 감명 깊게 읽은 대목들을 몇 개 소개하고, 그에 대한 나의 생각 변화들을 밝히고 싶다.

'자네의 그런 천성은 물론 사교적인 성격이 아니네. 하지만 우리가 타고난 성향을 극복하려고 노력하지 않는다면 교양이라는 것이 도대체 무슨 소용이 있겠는가?'

'성격이 전혀 상반된 사람을 만났을 경우에는 그들과 어떻게든 잘 해나가도록 애써야 하네. 그렇게 하다보면 우리의 마음속에 있는 여러 가지 다른 면이 자극도 받고 발전도 하고 성장도 하게 되네.'

성장해오며 나는 내 성격 중 내 마음에 안 드는 부분이 너무 많음을 발견했다. 처음에는 이를 바꾸려고 무던히도 노력했지만 당연히 쉽지 않았다. 내가 바라는 나의 모습대로 살기란 불가능해 보였다. 그 과정에서, 기대하지 않았으면 받지 않았을 상처도 너무 많이 받았고, 정신적으로 힘든 시기를 겪어 현재에는 그냥 생긴 대로 살자는 신조를 가지고 있었다. 상처받지 않기 위해서 나와 맞는 사람을 고르고, 나와 익숙하고 편안한 상황에만 머무르려 노력했다. 하지만 그러는 동안 나의 발전은 없을 것이다. 괴테는 자신과 반대되는 사람과 최대한 머무르고, 익숙하지 않은 상황에 자신을 끝없이 내던짐으로써 많은 것을 배울 수 있다고 하였다. 상처받는 것을 겁내 현재에 머무르고 발전하지 않는 채 고여 있는 삶에서 벗어나라는 메시지를 얻었다.

"자유란 오묘한 것이어서 만족할 줄 알고 자기 분수를 지키기만 하면 누구라도 쉽게 충분한 자유를 가질 수 있네"

본과 1학년에 들어오며, 다시 펜을 잡고 공부로 하루하루를 가득 채워가다 보니 중간중간 막막함과 우울함이 들었다. 이제 내 삶에 자유는 없는 것처럼 보였다. 괴테는 자유는 오묘한 것이라고 말한다. 절대적인 것도 아니고, 마음의 여유를 가지는 만큼, 또 현실을 순응하는 만큼 얻어지는 것이 자유라고 하였다. 바쁜 학사 일정 속에서도 일상의 자유를 찾아볼 것이다.

트루게네프의 『아버지와 아들』을 읽고

송누리

   1860년에 발간된 이반 투르게네프의 『아버지와 아들』이라는 소설에서 제목은 관념적인 표현으로 세대 간의 갈등이 담겨 있다는 것을 유추할 수 있다. 실제로 두 세대 사이에 접철될 수 없는 사상과 이념이 있다는 것을 소설 속에서 보여주고 있으며 당시의 시대상을 현실적으로 반영하고 실존 인물들도 소설에 등장하는 것을 알 수 있다. 본 제목은 아버지들과 아들들이 원뜻이지만 두 세대 간의 갈등에 초점을 맞추기 위해 제목이 굳어졌다고 한다.
   갈등의 중심 속 네 명은 중년층과 청년층으로 나뉘는데 중년층의 형제 사이인 니콜라이와 파벨, 청년층의 친구 아르카디와 바자로프가 나온다. 소설 속에서 이들은 러시아 당시 사회의 온갖 현안 문제들에 대해서 사사건건 견해를 달리하고 날카롭게 대립하는 장면이 나온다. 이는 아버지 세대는 귀족 출신들이고 이상주의적 자유주의자인 데 반해 아들 세대는 잡계급 출신의 혁명적이고도 급진적인 민주주의자였기 때문이다.
   우선 간략적인 이야기는 친구 사이인 아르카디와 바자로프가 대학 생활을 마치고 아르카디의 고향 마을에 방문하면서 시작된다. 그

곳에는 아르카디의 아버지인 니콜라이와 큰아버지인 파벨이 두 사람을 반갑게 맞이하는데 이는 그리 오래 가지 못했고 사사건건 갈등하는 모습이 보였다. 소설의 시대적 배경은 러시아의 농노해방(1861년)을 목전에 둔 때였으며, 진보와 보수라는 두 이념 사이의 갈등이 최고조에 이른 시기였다. 관련된 내용의 논쟁과 당시 러시아 사회를 지배하던 이슈들에서 모두 다른 견해를 보이는 바자로프와 파벨 사이의 갈등이 자주 발생했다.

바자로프는 명석하지만 본인만이 정답이라는 오만한 인물이며, 파벨은 격식을 중요시하고 융통성이 없는 인물로 표현된다. 더 자세히 두 사람에 대해 설명하면 두 사람의 갈등이 어렵지 않게 그려지는데, 파벨에게 바자로프는 냉소주의자로 치부되었으며 반대로 바자로프에게 파벨은 철저한 귀족주의자이자 시대에 뒤떨어지는 사람이었기 때문이다.

바자로프와 파벨과의 갈등을 표현해낸 장면들을 보게 되면 남을 인정하지 않고 본인의 의견에만 사로잡힌 모습이 보기 좋지 않다는 것이었다. 나름 현시대를 대표하며 개혁적이며 진취적인 사고방식으로 살아간다는 바자로프도 파벨과의 갈등을 보며 보수적으로밖에 여겨지지 않았던 것 같다. 이런 모습을 보며 갈등의 시작은 자신이 무조건 옳다는 그른 판단과 남의 말을 주의 깊게 듣는 경청의 태도가 부족해서 그런 것이 아니겠나 하는 생각이 들었다. 물론 나조차도 그런 갈등의 상황이 보일 때가 많지만 반성하는 계기로 삼고 늘 부족함을 깨닫고 받아들이는 자세를 가져야겠다고 느꼈다.

바자로프는 군의로 복무하다 퇴역한 아버지가 아들이 보는 앞에서 부상당한 농군을 힘겹게 치료하는 모습을 지켜보고 나서 아버지의 진료를 직접 도와드리려는 마음을 가지고 의사가 되기로 결심했다. 그러던 어느 날 발진티푸스의 해부 실습에 참여했다가 손가락을 베게 되어 질산은을 이용해 치료를 하지 못해서 감염되게 되고 결국은 죽게 되고 만다.

아직 공부해 보지 않은 질병이기에 알아본 결과 세균의 한 종류인 발진티푸스 리케치아에 감염되어 발생하는 급성 열성 질환으로 항생제 독시사이클린(doxycycline)이나 클로람페니콜(chloramphenicol) 2~3g을 1회 투여하는 방법으로 치료가 이루어진다고 한다. 그러나 저 당시에는 제대로 된 항생제나 약물이 존재하지 않는 터라 질산은을 이용해 상처를 지져 치료한다는 방법을 들으니 의학의 발전이 없던 시기에는 증상이 과발현되고 나서는 치료조차 할 수 없다는 사실이 안타깝게 다가왔다.

이 작품을 두고 바자로프에 대한 투르게네프의 태도가 논쟁이 되기도 했는데 보수주의자들은 니힐리스트인 바자로프의 장점을 너무 과장하고 미화했다는 주장을, 진보주의자들은 혁명적 민주주의자들을 악랄하게 희화하고 중상모략했다고 주장했으나 현대의 독자인 나는 그다지 커다란 공감을 불러일으킬 만한 이슈는 아니라고 여겨진다. 세대 간의 갈등을 그린 사회 정치 소설이지만 세태 풍속, 연애, 가정 등의 다양한 요소들이 있어 즐겁게 읽힌 소설이었다.

서로 이해와 존중을

– 『아버지와 아들』

양승운

『아버지와 아들』이라는 책은 1860년대에 나온 작품으로 당시의 사회-시대상을 아버지와 아들 사이의 갈등이라는 소재를 이용하여 풀어냈다. 아버지는 아들들의 생각을 이해하지 못하며, 아들은 아버지들이 너무 보수적이라고 생각하여 이들 간의 갈등이 시작되는데, 이는 이 시대 사회에 전체적으로 팽배해있던 문제로 계몽혁명 이전·이후의 세대들이 서로를 이해하지 못하면서 생기는 갈등이다.

이 책을 보고 우리나라도 이와 같은 문제가 있다고 생각을 했는데, 어느 나라나 위 세대들이 아래 세대들을 보고 무지하다며 무시하는 경향은 존재하지만, 우리나라 또한 이 책의 배경인 러시아처럼 민주화운동 이전·이후로, 또 한국전쟁 이전·이후로 서로 나누어 갈등이 발생함을 알 수 있다.

나 또한 집에서 비슷한 문제가 있는데, 집에서 정치얘기를 할 때면 난 나의 생각이나 정보들을 통해 내 생각을 표현하는데, 집에서 어머니는 네가 뭘 안다고 그런 말을 하냐고 무시하기 일쑤이다. 그도 그럴 것이 어머니는 민주화운동을 직접 겪으셨기 때문에 그럴 수도 있지만, 젊은 세대들이 보고 느끼는 점은 그때와는 또 다르기 때문에 존중해주셨으면 좋겠다는 생각을 가끔 한다.

계층 간의 갈등은 언제, 어디서나 항상 존재하는 것 같다. 우리나라도 계층 간의 갈등을 서로 무시하면서 끝낼 것이 아니라 서로의 생각을 이해하고 존중하면서 발전적인 방향으로 나라를 이끌어 나갔으면 좋겠다.

우리가 아는 그 괴테가 되기까지

양승유

괴테는 자기 자신의 자서전인 『시와 진실』에서 자서전에서 읽을 수 있는 인생관, 따라서 노년에만 가능한 것으로 그것을 '시'라 부르고, 한편 연대적으로 그려지는 모든 개별적 사항을 '진실'이라고 불렀다. 총 4부로 나눠져 있는 자서전의 그 제목만으로 굉장히 많은 걸 느끼게 해준다. 1부 고통을 맛보게 하지 않는 교육은 없다. 2부 젊은 날의 소망은 나이 들수록 풍요로워진다. 3부 나무는 자라도 자라도 하늘까지 닿지 않도록 되어 있다. 4부 신이 아니면 그 누구도 신을 거스를 수 없다.

그만큼 자서전의 틀을 깨고 그저 자유롭게 표현하는 자신이 삶에서 느낀 공감들은 너무나도 진실하여 아름답다는 표현이 부족할 정도로 와 닿는다. 제일 마음에 새겼던 내용은 괴테가 글을 쓰는 행위는 언어의 난용이라는 표현을 사용했던 거였다. 인간은 결국 자신의 인격을 모두 합해서 타인에게 될 수 있는 대로 영향을 주어야 하며, 사람끼리의 작용이야 말로 가장 순수하고, 이 작용이야말로 세계에 활기를 주고, 세계를 정신적으로나 물질적으로 사멸하지 않게 하는 힘인 것이라고.

매일 일기를 남기고 한 번씩 시간을 투자해 단상도 기록하는 나로서 심오함을 넘어 생각을 잠시 얼어붙게 하는 글을 쓰는 괴테가 저렇게 표현을 했다는 게 조금 의아하기도 했고, 한편으론 그가 그렇게 말했기에 더욱더 그 중요성이 도드라진 것 같다. 결국 이 세상을 살아있게 하는 건 글도, 대화도 아닌 한 사람의 전체와 또 한 사람의 전체가 끊임없이 부딪히며 창조하고 섞여 나가는 행위가 맞겠구나. 나도 결국 내 글에서 벗어나 그걸 내 몸에 담아 부딪힐 줄 아는 사람이 되고 싶다는 생각이 강하게 든다.

괴테의 세계관은 결국 변해가는 것을 두려워하지 않는다. 변해가는 것을 상징으로 볼 것, 세계 안에서가 아니라 세계를 통해서 뜻에 이르는 길. 즉, 폭넓은 세계를 파악하고, 자아와 세계와의 조화를 추구하는 모습이 괴테가 궁극적으로 추구하는 세계관이자 가치관이다. 그리고 그의 그런 가치관은 시와 진실의 마지막 문구에서 무척이나 두드러진다.

"이제 됐어. 그만 둬. 눈에 보이지 않는 정령의 매를 맞는 것처럼, 세월의 말은 우리 운명의 가벼운 수레를 끌고 쏜살같이 달려간다. 우리는 용기를 내어 고삐를 꽉 잡고, 이 바위, 저쪽의 벼랑을 피하여 좌로, 우로 수레를 몰고 갈 수밖에 없다. 그것이 어디로 가는지 누가 알랴. 어디서 왔는지조차 모르고 있는데."

괴테의 이런 자유로운, 조화로운 세계관의 추구는 자신의 소중한 30대를 고스란히 바쳐, 무려 1천 번 가량이나 괴테의 집 문턱을 들락

거리며 발품을 팔면서 완성한 애커만의 『괴테와의 대화』에서도 직접적으로도 자주 등장하고, 수많은 대화 속에 잔잔히 스며들어 있는 주제이다. 애커만과 괴테의 수많은 대화에서 괴테는 자주 자신의 삶 또한 지루한 삶이었고, 때로는 정말 지치기도 했다고 표현한다. 하지만 그럴 때마다 본인을 잃지 않고, 현재에 임하면서 주변에서 쏟아지는 비판과 비난에도 중심을 잃지 않고 작업을 이어나갔다고 한다. 결국 괴테는 주관적인 시대의 강렬한 흐름 속에서도 객관적인 자세로 묵묵하게 외로운 그 길을 고수했고, 우리가 아는 그 '괴테'가 되었다.

인간은 타인의 존재에 의해 성립된다
- 『시와 진실』, 괴테

이승민

　괴테는 다재다능하고 또한 굉장히 활발했다고 한다. 많은 고평가 받는 문학작품들을 만들어 문학의 역사에 한 획을 그었다. 괴테의 자서전 『시와 진실』을 통해 문학뿐만 아니라 다방면에서 뛰어났던 괴테의 삶의 관점에서의 태도, 철학을 통해 자신을 성찰하는 시간은 인생에 있어서 한 번쯤 경험해 보면 큰 도움이 될 것이라고 생각한다.
　크게 4장으로 구성되어 있지만 전하고 싶은 내용이 많았는지 굵직한 주제가 있긴 했으나 내용이 조금 산발적이었다.

　'1장 매질 없는 가르침은 없다'에서는 어떤 목적과 그것을 이루는 과정에 대한 괴테의 견해가 보였다. 목적이 동기부여에 중요하다는 것을 강조했고 목적을 이루어 나가는 과정에서 수반되는 고통을 극복하는 원동력이 된다고 하였다. 나도 동의하고 너무 당연한 내용이라고 생각한다. 목적 달성 후의 성취감을 느끼기 위해 열심히 공부하고 죽도록 연습하는 등 다양한 형태의 노력을 통해 고통을 느끼며 산다. 추가적으로 목적에서 희망과 절망, 성공과 실패, 노력, 행복 등이 파생되어 나오고 따라서 목적은 인간의 삶의 가장 거대한 뼈대라고 볼 수 있다고 생각한다.

  노인의 입장에서 청년들에게 전하고 싶었던 내용들은 '2장 젊은 시절에 원하는 것은 노년에 풍족하게 얻는다'에서 말한다. 말 그대로 이런저런 다양한 주제의 내용들을 말했는데 공통적으로 막연하고 추상적인 정신적 풍족을 위한 조언이 아닌 현실적인 조언을 해줘서 자기계발서의 고전판을 읽는 느낌이 들었다. 다양한 내용들 중 특히 인간에게 있어서의 사회의 의미가 굉장히 크다는 것을 반복해서 말했다. 타인으로부터 또는 타인으로의 인정, 타인과 나의 직접적 혹은 간접적 상호작용 등에 관한 다양한 예시를 통해 사회적 상호작용의 중요성을 역설하였다. 많은 부분이 공감이 되었다. 인간은 타인의 존재에 의해 성립된다는 말을 어디선가 들어본 적이 있다. 혼자만 덩그러니 있는 세상에서 사람은 대다수 기본적인 욕구만을 위해 살아갈 것이다. 사람이라는 의미를 찾아보기는 힘들 것이다. 사회 및 타인을 거울로 하여 자신을 되돌아보고 때로는 타인을 인정하거나 지적하는 등 다른 사람과 소통을 하는 것은 자신이 한층 더 발전할 수 있는 발판을 마련해준다.

  '3장 나무는 하늘을 뚫고 자라지는 않는다'와 '4장 신 밖에는 신에 맞설 자가 없다'에서는 확실하진 않지만 인간의 한계와 재능, 노력에 관한 괴테의 생각을 적었다고 생각한다. 이에 관한 내용을 중심으로 여러 인생 팁들이 곁들여 쓰여 있었다. 자신의 천부적인 재능을 타인이 인정해주지 않아 좌절하는 것에 대한 조언이 인상 깊었다. 사람들은 타인에 대한 칭찬에 인색하고 오히려 비난한다는 것은 잘 알려진 것이므로 이에 대한 각오가 필요하다는 것이다. 나도 그렇지만 남들의 비난을 거북해하고 불쾌해하는 사람들이 많을 것이다. 위와 같은 사실을 안다면 비난에 대한 두려움을 많이 경감시켜주고 자신감 있는 태도를 가지는 데에 큰 힘이 되어 줄 것이다.

 추가적으로 괴테는 전체적인 내용을 따져보았을 때 사람 간의 다름을 인정하는 것을 중요하게 생각했다. 현재 문제가 되고 있는 정치에서 당끼리의 비정상적인 대립, 성별 혐오, 인종 차별 등은 다름을 인정하지 못했다는 것에서 기원한 문제라고 생각한다. 다름을 그 자체로 인정하거나 차이를 이해하고 맞춰나가는 것을 통해 위의 문제들은 정치적 문제 해결, 성평등, 인종평등으로 이끌 수 있을 것이다.
 공간과 시대를 뛰어넘은 괴테의 통찰들은 가히 대단하다고 말할 수 있다. 인간관계에 있어서의 여러 조언들은 의사가 되고 싶어 하는 나에게 큰 도움을 주었고 인간관계에 관한 시야가 넓어진 것 같다. 꾸준한 독서를 통해 여러 시각에서 대상을 바라볼 수 있도록 하여 편협한 사고에 갇히지 않도록 노력해야겠다.

『아버지와 아들』

채정원

  투르게네프의 『아버지와 아들』은 보수적인 아버지 세대와 진보적인 아들 세대의 대립을 그린 작품이다. 이 작품의 주인공인 바자로프는 기존의 권위들을 모두 부정하며 절대적인 진리는 없다고 생각하는 허무주의자이다. 예술, 종교, 낭만적인 요소나 사회의 관습 등을 싫어해서 보수적인 친구의 삼촌과 격렬하게 논쟁을 벌이기도 한다.

  그러던 중 안나 세르게예브나에 대한 사랑에 빠져서 스스로 어리석다고 생각하는 행동을 하게 되고, 마지막에는 해부하다가 생긴 상처의 감염으로 죽게 된다. 바자로프의 친구인 아르카디는 처음에는 바자로프의 제자를 자처할 정도로 영향을 많이 받았지만 카테리나와 결혼하게 되면서 그로부터 벗어나게 된다.

  사실 책에서 바자로프를 비롯한 여러 인물들이 보인 행동은 잘 이해가 가지 않았다. 절대적인 진리는 존재하지 않는다는 사고방식이나 그것과 기존의 전통을 중시하던 보수적 사고방식의 충돌 자체는 이해할 수 있지만 아르카디의 아버지와 삼촌을 대하는 바자로프의 태도는 의견이 일치하지 않는다는 점을 고려하더라도 지나치게 무례했던 것 같다. 아르카디에게 아르카디의 아버지나 삼촌에 대한 비난을 하는 것이나 상대방을 경멸하는 습관을 가지고 있는 것 역시 좋지 못한 태도로 보였다. 그에 비해 아르카디의 아버지나 바자로프의 부모님은 조금 과도하지 않나 싶을 정도로 자식들의 의견을 존중하고 자신들을 시대에 뒤떨어지는 사람으로 판단했던 것 같다. 다만 바자로프의 권위에 굴복하지 않는 자세에서는 배울 점이 있다고 생각한다. 의학계의 사혈술 등의 사례를 보았을 때 전통적으로 내려오는 관습이나 이론이라고 해서 항상 옳다는 법은 없기 때문에 권위 있는 주장이라고 해도 철저하게 검증하려는 습관이 필요하다.

  의학을 대하는 바자로프의 태도는 흥미로웠다. 책의 초반에 바자로프가 동네 아이들 혹은 안나 세르게예브나와 의학에 대한 이야기를 하는 장면이 나온다. 바자로프는 사람은 전부 비슷한 존재이기 때문에 굳이 한 명 한 명을 모두 살필 필요가 없다고 했는데 이는 개개인의 특성을 중요하게 여기고 맞춤 의학을 목표로 하는 현대의학의 발전 방향과 반대되는 것 같다.

  이것이 바자로프의 사회에 대한 관점에 영향을 받은 것인지 아니면 그 시대 의학의 보편적인 특성이었는지 궁금하다. 또한 바자로프는 지금 의학을 우습게 여긴다고 하면서도 꾸준히 개구리 해부 등을 수행했고 최후 역시 해부하다가 생긴 상처로 인해 맞이하게 되었는데 바자로프에게 의학은 어떤 것이었는지 역시 궁금하다. 그 시절의 의학 역시 언젠가는 뒤집히게 될 관습의 일종으로 보면서 꾸준히 공부하고 발전해 나가려고 했던 것인지, 아니면 낭만을 무시했으나 사랑에 빠졌던 바자로프의 또 다른 모순적인 행동인지 잘 모르겠다.

세대차이는 당연한 것

– 투르게네프의 『아버지와 아들』을 읽고

최경민

  기원전 1700년경에 만들어진 수메르 점토판에 "요즘 젊은 것들은 버릇이 없다."는 말이 쓰여 있다고 한다. 기원전이나 지금이나 세대 간의 갈등은 말 그대로 인류가 존재한 이래 어느 사회에서든 존재할 수밖에 없는 영원한 주제일 것이다. 러시아 작가 이반 투르게네프의 작품인 『아버지와 아들』은 제목에서 짐작할 수 있듯이 '세대 간의 갈등'을 소재로 하여 신·구세대 간 일치되기 힘든 생각과 신념의 차이를 주제로 다루었다. 또한 '사랑'도 빼놓을 수 없는 중요한 소재로 '사랑과 갈등'이 이 소설을 이끌어가는 중심 모티브라 할 수 있다.

  이 소설이 발표된 1860년대 초의 러시아도 세대 간의 갈등이 첨예한 시기였다. 파벨 키르사노프로 대표되는 아버지 세대가 자유주의, 귀족주의, 독일 낭만주의와 관념론의 영향을 받아 원칙, 이상, 절대적 가치, 개성, 문학과 예술을 중시한다면 아들 세대의 대표자, 평민 출신의 자연과학자이자 의사인 예브게니 바자로프는 철저한 유물론자이자 경험론자이다. 그는 오감으로 파악될 수 있고 실험으로 증명된 '사실'만을 믿고, 모든 것을 비판적 관점에서 바라보는 '니힐리스트'이다. 니힐리스트는 '허무주의자'라고 할 수 있는데 기존의 교조적인 사회 분위기에 반기를 드는 이들로 자신과 정반대의 가치관을 가진 부모 세대와 사사건건 부딪힌다.

그러나 그는 기성세대의 관습이나 전통뿐만 아니라 자기를 포함하여 젊은 세대까지 가차 없이 비웃고 부정하는 냉소주의자이다. 바자로프는 자신이 속한 세대의 과제가 모든 것을 파괴하는 것, 미래의 창조와 건설을 위해 터전을 깨끗이 하는 것이라고 말하고 있다. 그런데 아이러니하게도 스스로가 생리적이고 화학적 현상에 불과하다고 규정한 사랑이라는 감정에 상처를 입고 고향으로 돌아가 티푸스로 사망한 시체를 해부하다가 메스에 손가락을 베어 간단한 소독을 못한 탓에 죽고 만다. 의사라는 직업에 걸맞지 않은 황당한 죽음은 뜬금없다 못해 풍자적이며 니힐리스트다운 허무한 죽음으로 그려지고 있다.

투르게네프는 구세대 편이었을까 신세대 편이었을까? 그는 이 소설에서 어떤 말을 하고 싶어 했던 것일까? 오만할 정도로 자신만만하고 구세대를 마음껏 경멸하며, 일체의 권위를 인정하지 않는 아들 세대의 대단한 우월성은 생이라는 커다란 수레바퀴 아래 예상치 못한 방향으로 나아가 아버지 세대의 젊음과 마찬가지로 순식간에 사라지고 있음을 트루게네프는 말하고 있다. 투르게네프가 진정으로 말하고 싶었던 것은 어느 세대가 옳고 그르다는 구분 또는 세대 간의 갈등이나 반목이 아니라 결국 '화해'와 '사랑'의 삶을 살아야 한다는 메시지가 아닐까 한다.

이 작품을 읽으면서 멀리서 찾아볼 것도 없이 우리 아빠와 오빠의 모습이 오버랩되었다. 바자로프 못지않게 냉소적인 니힐리스트인 오빠와 기성세대의 낡은 관념으로 똘똘 뭉친 도덕교과서 같은 우리 아빠의 갈등 또한 장편 소설 한 권 나올 법한 상황이었기 때문이다. 어릴 때는 아빠와 오빠 사이의 갈등을 보면서 가슴이 몹시 답답하였다. 절대로 하나로 만날 것 같지 않은 두 갈래 평행선을 보는 듯한 기분이었기 때문이다. 지금도 부자 사이의 갈등이 해결된 것은 아니지만 시간이 흐르고 나이를 먹을수록 아빠와 오빠의 세대 간 갈등에 대한 시각이 조금씩 달라짐을 느낀다.

  사실, 세대 차이는 당연한 것이다. 아버지가 살아온 시절과 아들이 살아가는 시절이 다르고 그들이 속한 사회의 도덕적, 관념의 경계가 다르기 때문에 당연히 생각의 차이가 있을 수밖에 없다. 세대 간의 갈등이나 관점의 차이는 어느 시대 어느 가족이나 피할 수 없는 것이지만 가족이라는 끈끈한 유대감과 사랑이 있다면 분열과 갈등이 아닌 화해와 사랑의 순간이 반드시 올 것이라는 믿음이 있다. 우리가 사는 사회 또한 마찬가지이다. 보수진영과 진보진영의 시각 차이로 반목과 갈등이 무수히 난무하지만 결국 우리는 한 민족이라는 큰 틀 안에서 화해와 통합의 길을 향해 함께 걸어갈 때 상생하는 삶이 되지 않을까 하는 생각이다.

투르게네프 『아버지와 아들』

최동균

   소설 『아버지와 아들』은 인류의 역사에서 과거부터 미래까지 끊임없이 있을 세대 간의 갈등이라는 문제를 보여준다. 낭만주의와 이상주의로 대표되는 구세대의 인물인 니콜라이와 파벨, 그리고 이성을 중시하면서도 허무감에 사로잡혀 있는 신세대의 바자로프, 아르카디가 대비를 이룬다. 두 세대의 대립은 결국 파벨과 바자로프가 서로에게 총구를 겨누는 것으로 절정에 다다르며, 바자로프가 결투에서 파벨을 이긴 후 자신이 직접 파벨을 치료해 줌으로써 과거와 현재는 극적인 화해를 이룬다.

   세대 간의 갈등은 인류의 가장 오래된 갈등이다. 메소포타미아 수메르 점토판에도, 이집트 피라미드 내벽에도, 고대 그리스의 철학자 소크라테스가 남긴 글에도 비슷한 얘기가 쓰여 있다. "요즘 젊은이들은 버릇이 없어." 그만큼 세대 갈등은 어느 나라, 어느 시대나 있었다. 요새는 '꼰대', '틀딱' 등의 신조어까지 만들어 가면서 대립이 격화되는 양상을 보인다. 왜 이런 일이 생기는 것일까? 태미 에릭슨 런던비즈니스스쿨 교수는 이렇게 답한다.

"먼저 미국의 예를 들어보죠. 세계 대전 직후에 태어난 미국 베이비붐 세대(1946~1965년생. 미국 인구의 29%를 차지)는 목표를 향해 전력 질주하는 경향이 큽니다. 전쟁 이후 인구가 급격히 늘어나는 시기에 태어났지만 인프라는 따라 주지 못했어요. 좁은 교실에서 복닥거리며 다른 학생들과 경쟁해야 했고, 성공하기 위해 끊임없이 앞만 보고 달려야 했습니다. 반면 그다음 세대인 X세대(1965년~1980년생)는 성향이 달라요. 한 X세대 학생은 저에게 베이비붐 세대는 콩나무 줄기를 오르는 데 열중하고 있다고 말한 적이 있습니다. 그 학생은 '베이비붐 세대는 그저 가능한 한 높이 올라가려고 하지, 강낭콩 줄기의 기반이 어떤지는 걱정하지 않아요'라고 말했지요. 저는 오랫동안 이 문제를 연구했습니다만, X세대 직장인은 선택지와 가정을 기반으로 사고하는 경향이 짙었습니다. 이런 일이 일어나면 어떻게 할까? 나에게 대안으로 삼을 계획이 있을까? 이들은 매우 주의 깊게 여러 대안을 동시에 고려합니다. 앞만 보고 달리는 저 같은 베이비붐 세대와는 다르더군요. 특이한 점은 X세대는 그다음인 Y세대(1981년 이후 생)와도 다르다는 거예요. 겨우 20여 년도 지나지 않아 세대적 특성이 두드러지는 것이지요. 그들은 베이비붐 세대의 자녀 세대인데, 과거 어느 세대보다 풍요롭게 자랐지만, 그와 반대로 불안감이 한층 더 커진 특징이 있습니다. 테러, 학교, 폭력, 저성장이 사회문제로 대두하던 시대에 성장기를 보냈기 때문에 미래가 어떻게 될지 모른다는 불안이 있지요. 미국에서 '실직'이라는 개념은 1981년부터 생겼습니다. 이전까지는 미국 노동청에서 실직자의 수를 셀 필요가 없었습니다. 이 때문에 Y세대들은 취직과 승진만이 모든 것을 해결해주지 않는다고 생각하고 늘 불안해합니다. 상대적으로 이직도 잦고, 투잡(복수 직업) 등 한 번에 여러 직함을 가지려는 욕구가 있습니다. 계란을 한 바구니에 담지 않으려는 성향이 큽니다. 이들은 대체로 현재를 얼마나 충실하게 살고 있는

지, 그리고 자신이 지금 하는 일이 의미가 있고, 흥미로운지를 중요하게 생각하는 경향이 있습니다. 미래를 위한 저축과 인내보다는 현실의 행복이 더 가치 있다고 여기기도 하죠."

그렇다면 이러한 두 세대 간의 격차를 융합하기 위해서는 어떻게 해야 될까? 이 질문에 대한 에릭슨 교수의 답은 다음과 같다.

"장년 이상의 기성세대들은 그 이후 세대들이 다른 사고방식을 갖고 있다는 것을 인정해야 해요. 특히 젊은 세대(1980년대 이하)는 피드백(개인이 한 일 등에 대한 평가를 언급해 주는 것)에 대한 태도가 다릅니다. 그들은 타인의 인정을 받고자 하는 욕구가 강해 자신의 아이디어를 개진하고 평가받는 것을 즐깁니다. 개인적으로 (미국 기준) 베이비붐 세대인 저는 젊은 세대의 이런 관점을 흥미롭게 생각합니다. 사실 저는 누군가에게 '피드백하겠다'는 말을 들으면 등에 식은땀이 납니다. 나를 어떤 식으로든 평가하겠다는 의미로 받아들이기 때문이죠. 젊은 세대에게는 피드백이 완전히 다른 의미입니다. 일종의 힌트이자 조언이라 생각하기 때문에 가급적 자주 받기를 원합니다. 그렇기 때문에 조직 내에서 직장 상사가 오히려 직원에게 잘하고 있다고 몇 번이곤 설득해야 하는 상황 같은 재미있는 현상도 나타납니다. 그러나 이런 설득은 신세대에게 충분치 않습니다. 이들은 조금씩이라도 더욱 자주 구체적인 피드백을 받기 원합니다. 또한 이전 세대 팀원들이 당연하게 여겼던 원칙들을 공개적으로 논의하고 수정해야 합니다. 과거 세대에게는 당연한 원칙일 수 있지만, 젊은 세대는 이해하지 못하는 경우도 있기 때문이죠. 팀 구성원 모두를 대상으로 이런 사안에 대해 대화를 나누기를 권장하고 싶습니다. 다양한 세대가 공존하는 조직에서는 리더가 암묵적 가정을 밖으로 꺼내 놓고 함께 이야기해야 합니다. 예를 들어 팀원들이 서로 어떤 방식으로 의사소통을 진행할 것인지, '근무시간'은 무엇을 의미하는지, 일과를 시작할 시각은 언제인지 (매우 정확하게, 이를테면 모두가 8시 혹은 8시 반에는 출근을 해야 하는지) 등을 논의해야 합니다. 일부 기업에서 '근무시간 유연제'를 도입하고 있지만, 제도 때문에 더욱 갈등이 심화하기도 하거든요."

그 다음 바자로프를 들여다보자. '신세대'의 아이콘인 그는, 이상주의, 허무주의, 열정 이 세 가지 특성을 복합적으로 가지고 있다. 겉보기에는 모순적이며, 깊게 생각하면 현대 문학의 입체적 인물의 전형으로 보이는 그는 사실 현대사회의 가장 평범한 인간형이라는 역설을 낳는다. 이상을 꿈꾸는 사람은 이상의 실현 불가능성을 깨닫고 절망한다. 그리고 그 절망을 받아들일 수 없는 사람은 방어기제로, 누구보다 이상을 멀리하고 허무주의에 빠져든다.

모순되는 두 가지의 가치에서 혼란을 겪는 것 같은 그의 모습은 누구보다 인간 본성을 잘 드러내는, 가장 전형적인 인간상이다. 누구보다 무거운 성질을 가진 사람이, 역설적으로 가장 가벼운 태도로 삶을 대하게 되는 이 모순. 세상사 돌아가는 것이 힘들고 무거워질수록 어깨와 가슴은 활짝 펴고 생각은 이렇게 해야 한다. 가볍게 가볍게 우주의 농담처럼.

괴테의 『이탈리아 기행』

최동욱

　괴테는 독일 내륙 마인강변의 프랑크푸르트의 부유한 집안에서 태어났다. 20대에 이미 여러 작품을 남기며 37세까지 바이마르 공국의 추밀고문관직을 맡아서 일하다가 1786년 8월 23일 37세 생일을 축하하는 자리에서 친지들 곁을 조용히 떠나 9월 3일 로마를 향해 긴 여행길을 떠났다. 괴테는 1788년 4월 23일 여행을 마치고 돌아왔으니 1년 8개월간의 여행을 통해 수많은 고적답사와 조각품, 미술품 감상을 포함하여 자연 관찰과 화가, 음악가, 조각가 등 여러 분야의 명사들과 교제하였으며 여행 중에도 쉬지 않고 작품을 쓰기도 했다.

　이 여행 기간에 「이피게니아」를 운문 형식으로 개작하고 희곡 「에그몬트」를 탈고하였으며 「벨라 별장의 클라우디에」 「에르반과 엘미레」도 완성하였으며 「파우스트」 「타소」를 구상하는 등 조금도 쉬지 않고 작품 활동을 하였다.

　괴테는 칼스바트를 떠나 뮌헨과 인스브루크를 거쳐 알프스를 넘어 이탈리아에 발을 딛기 시작하여 말체시네에 도착하여 산 중턱의 고성을 스케치하다 첩자로 몰려 성주의 심문을 받은 후 풀려나 어느 선량한 주민의 따뜻한 도움을 받는다. 이탈리아에 들어서서 베로나에서 3일간 머물면서 고대 로마 시대에 건립된 원형극장의 위용에 감탄하고 여행의 목적을 "나 자신을 기만하려는 것이 아니라 내가 보는 대상에 비추어 나를 재발견하자"라고 한다. 베네치아에서 배를 이용하여 페라라에 도착한 후 다시 육로로 첸토를 거쳐 볼로냐에 도착한다. 볼로냐에서 라파엘로의 「성 세실리아」를 보고 "이 그림이 영원히 보호될 수 있다면 당장 죽어도 여한이 없다"라고 중얼거리기도 한다.

  괴테는 오랜 소원이었던 로마를 독일 출발 약 2달 만에 발을 딛게 된다. 로마에 발을 디딘 괴테는 예수 그리스도의 대리자인 교황과 한 지붕 밑에 있다는 생각에 이상한 느낌을 받기도 한다. 로마에서는 독일에서 친하게 지내던 화가이자 친구인 티슈바인과 재회한다. 해를 넘겨 2월 중순에 로마의 성대하고 요란한 사육제를 구경하고 나폴리로 향하여 약 한 달 머물며 당시에 화산 분화 활동을 하고 있던 베수비오산에 등정하여 위험을 무릅쓰고 용암 분출 광경을 관찰하기도 한다.

  이러한 내용이 많이 있는 이 기행문을 읽고 이 위대한 작가가 어떻게 사람들을 만나고 여행을 다니며 거기서 영감을 얻고 글을 쓸 동력을 얻었는지 조금은 알 것 같았다. 그가 독일에서 출발하여 이탈리아를 마차로 여행하였던 노선은 지금도 많은 유럽여행을 하는 사람들이 들르는 코스라고 한다. 한 위대한 작가의 발자취가 이렇게 오래 기억되리라고는 미처 알지 못하였다. 코로나 시대에 여행도 마음대로 못가는 상황에서 이탈리아 여행기를 읽고 있는 기분은 참 묘하다. 유튜브나 여러 동영상 매체와는 다른 기분이 든다. 책만의 매력에 흠뻑 빠져서 시간 가는 줄도 모르고 읽었던 책이었다. 코로나가 해결되고 나면 나도 여행을 다니면서 여러 경험도 하고 많은 사람들을 만나면서 생각도 교류하고 멋진 자연경관들도 많이 보고 싶다.

의료 인문학 산책

제3장

의료 에세이

제3장에서는 의과대학생들이 '의료인문학'과 'COVID-19가 가져온 충격'에 관한 자기의 생각을 자유롭게 서술한 내용이다.

의료 인문학

강대규

　의료 인문학이란 의학적 지식과 함께 질병 및 치료제에 대한 역사·정치·사회·경제·문학적 요소 등을 다각적으로 접근해 사유와 성찰하는 것으로 '좋은 의사'에게 필요한 덕목을 배우는 과정을 뜻한다. 조금만 눈을 돌려 인터넷을 향하면, 병원에서 무시당한 일이나 의사의 불쾌한 태도를 성토하는 글들이 범람한다. 환자들은 처음 받은 진단의 내용이나 치료 선택지에 대한 불만으로 여러 병원을 전전한다. 환자들은 자신이 받아든 진료비 청구서를 의심의 눈초리로 바라보지만, 어떻게 할 방도가 없다. 의사들 또한 환자와의 신뢰와 치료의 정도에 대한 고민이 극에 달하기도 한다. 이처럼 의사에게는 의학적 지식도 필요하지만 다양한 덕목들과 능력이 필요하다. 이러한 내용을 이번 인문사회의학 시간에 배우고 이를 앞으로의 삶에서 지켜나가려 노력하여 좋은 의사가 될 수 있도록 해야 한다.

코로나19가 가져온 충격

코로나19로 인해 우리나라뿐만 아니라 전 세계는 지난 1년 남짓 생전 처음 겪는 상황을 경험했다. 우리는 코로나19가 가져온 충격이 무엇인지, 추가로 어떤 충격이 다가올 것인지 확실히 알아야 하고 이것에 대비하여야 한다.

코로나19가 가져온 첫 번째 충격은 폭발적인 감염이 가져온 국가나 지역 의료시스템의 붕괴이며 이로 인해 많은 사망자가 발생한다. 사람들은 고강도 사회적 거리두기를 시행하기 때문에 경제활동도 멈추게 되어 대량의 실업과 빈곤이 발생한다. 이러한 의료 시스템의 붕괴나 의료 자원의 고갈, 의료기관들의 진료 패턴 변화는 코로나19 감염자가 아닌 응급환자나 중환자의 치료에 차질을 만드는 추가적인 피해를 가져온다. 또한, 만성 질환자 및 고령자들의 경우 코로나19로 인한 위축된 생활 패턴이 칼로리 과잉 또는 결핍, 운동 감소 및 의료기관 방문 감소로도 이어지면서 만성 질환 관리의 중단 및 부실을 초래한다. 마지막으로 환자나 의료진들은 물론이고 일반 국민들도 느끼는 정신적인 충격, 경제적인 충격, 의료진과 의료기관 종사자들의 번아웃이 있다.

의료와 문학

김영식

의료 인문학이란 의학교육에서 인문학과 사회과학, 예술학을 결합시킨 통합적인 학문이다. 인문학은 인간의 사상 및 문화를 대상으로 하는 학문으로 철학, 문학 등이 포함되고 사회과학은 인간 사회의 여러 현상을 연구하는 경험과학으로 법학, 사회학, 윤리학 등이 포함된다.

의료란 결국 사람과 사람사이의 행위이며 의학이라는 학문은 철학적이고 윤리적이며 법률적인 문제에 직면하게 된다. 이러한 점이 의료 인문학을 배워야하는 이유라고 생각한다. 과거에 비해 현대에 들어서면서 의사와 환자사이의 관계에 집중하게 되고 의사는 단순히 병을 고치는 능력이 필요할 뿐만 아니라 인문학적 소양도 길러야 한다. 그러기 위해서는 다양한 경험을 하며 책을 읽고 삶과 죽음, 의료현장에서 발생하는 여러 딜레마들을 인문학적인 관점에서 항상 고민해야 한다.

COVID-19의 충격에 대해서

COVID-19으로 인해 우리들의 삶은 많은 부분에서 바뀌었다. 사회, 경제, 교육, 예술 등 COVID-19에 의해 영향을 받지 않은 분야는 없을 것이다. 전세계적인 팬데믹 상황에서 국가적인 충격은 설명할 수도 없을 만큼 많을 것이다. 이러한 국가적인 충격 외에 내가 몸으로 느낀 충격에 대해 이야기해보고자 한다. 우선 가장 큰 부분은 교육이다.

작년도 모든 수업이 비대면으로 진행되어 대면시험 외에는 학교에 가지 않았고 올해에도 해부학 실습을 제외한 모든 수업과 실습이 비대면으로 진행되었다. 올해에는 이미 적응이 되어 오히려 대면수업이 어색할 수도 있겠다는 느낌이 들었다. 또 다른 부분은 경제이다.

친형이 28살로 형 주위에는 많은 취준생들이 있다. 이야기를 들어보면 대부분의 기업에서 신입사원을 채용하고 있지 않으며 이미 취업을 한 분들도 회사를 나와 재취업 자리를 알아보고 있지만 쉽지 않다고 한다.

아직 어려서 뉴스로만 전해지는 자영업자들의 고통과 나라의 어려움보다 여자인 친구들과 형의 친구들의 취업난이 매우 심각하다는 것을 몸으로 느낄 수 있었다. 나 역시도 코로나로 인해 외출이 줄고 따라서 소비가 많이 줄었다. 어렸을 때부터 자주 가던 PC방 사장님께서는 코로나로 인해 적자가 심해져서 폐업을 결정하시고 PC를 중고로 팔고 계셨다. 또한 영화를 즐겨보는데 영화들이 계속 미뤄져서 개봉하는 것을 보며 예술계에서도 많은 타격을 입었겠다는 것을 알 수 있었다. 이렇듯 사회활동을 하지 않은 나도 코로나로 인한 충격들이 크다는 것을 몸으로 느낄 수 있었다.

의료 인문학

김지완

의료 인문학은 의학적 지식의 적용 및 그 영역에서 인문학적 통찰 및 연구를 수행하는 학문으로서 의학사, 의철학, 의료윤리 등의 분야가 있다. 유능한 의사, 의과학자로서의 전문성이나 의료 분야 리더십의 근본이 깊은 의학적 지식에 더하여 환자, 집단, 사회에 대한 통찰과 이해라는 점에서 의료 인문학의 중요성을 찾아볼 수 있다.

COVID-19의 충격에 대해서

심리, 정신적 측면에서는 COVID-19 범유행으로 인해 격리 및 사회적 활동의 제한, 공포, 실업 및 재정적인 요인으로 인한 사회적 고립으로 인해 우울증에 걸릴 확률이 높아지고, 자살율의 잠재적 상승에 대한 우려로 이어지고 있다. 코로나 바이러스와 우울감을 뜻하는 blue가 합쳐진 '코로나 블루'라는 신조어가 생기기도 하였다. 이는 COVID-19의 장기화로 인하여 외출 자제, 모임 금지, 자가 격리, 사회적 거리 두기 등으로 삶이 변화된 것에 따른 스트레스나 우울감을 말한다.

  경제적 측면에서는 코로나 바이러스로 인한 각국이 여행제한과 봉쇄 조치를 통하여 세계 경제적 불황이 기정사실화 되었고, 불과 한 달 만에 세계 경제가 심각한 경제적 영향을 주게 되었다.

  교육계에선 코로나19 범유행으로 전 세계의 교육 시스템에 영향을 미치면서 학교와 대학이 세계에 걸쳐 광범위하게 휴교령을 내렸다. 우리나라의 경우 원격, 온라인 수업이 진행되기도 했다.

의료 인문학

박진배

　의료 인문학은 의학에 인문학적 시각을 접목시키려는 시도로, 인문의학, 인문사회의학, 의인문학 등의 다양한 이름으로 불리고 있다. 의학에 인문학을 도입함으로써 인간적인 의사를 양성한다는 규명하기 어려운 막연한 개념이지만 과학으로서의 의학이 아닌 인문학으로서의 의학에 대한 관심을 불러일으킨다는 의의를 가지고 있다.

　세월이 흐르며 의사와 병원 중심의 진료에서 점차 환자 중심의 진료로 넘어가며 파생된 학문이리라 생각한다. 과학적 의학은 1960년대에 이를 생명 의료 기술의 발전과 병원의 대형화 추세로 환자 소외 현상을 초래하게 되었고, 이는 환자보단 질병에만 관심을 기울여 의학의 인간적인 측면을 등한시한 것이 문제였다고 판단되어 이를 보강한 인간적인 의학을 재건하기 위한 방법의 하나였다고 생각한다.

COVID-19의 충격

　중국 우한에서 시작되어 처음에는 우한 폐렴이라고 통칭되었던

COVID-19는 전 세계적으로 많은 충격을 주었다. 교과서에서만 배우던 흑사병, 스페인독감 등의 전염병의 무서움을 직접 피부로 와 닿게 느낄 수 있었다. COVID-19는 단순한 전염병 이상으로 전 세계에 많은 영향을 끼쳤다. 수많은 국제 대회의 취소 및 연기, 관광 산업의 부진, 경제 침체 등을 제외하고 지금까지 뉴스 등을 보며 느낀 것을 이야기해 보려 한다.

  COVID-19는 언택트 사회를 이끌었다. 일상적인 생활이 통제되고 사회활동이 제한되며 사람들은 재택근무, 가상공간을 이용한 수업 및 회의 등에 익숙해졌고, 당연히 그와 연관된 기술도 발전하였다. 이는 4차 산업혁명을 조금 더 일찍 초래한다는 의견이 있다.
  COVID-19는 개인주의화도 더 가속화시키는 듯하다. 안 그래도 개인주의화는 기후 문제, 난민 문제, 자국 우선주의 등의 문제로 나타나고 있었다. 한국 사회도 점점 개인주의적으로 변하는 기조가 팽배하다. 단적인 예로 1998년 IMF사태에는 다들 금 모으기 운동에 동참하였지만, 10년 후인 2008년의 금융위기 때는 모금 같은 것은 없었던 것으로 기억하고 다들 지출을 줄이고 최대한 돈을 모으는 식으로 위기를 벗어났던 것으로 기억한다.
  COVID-19는 사람들 간의 만남을 어렵게 한다. 이는 필연적으로 사람들의 개인주의적인 성향을 부추긴다. 작년 초반에 마스크 품절 사태가 났을 때만 해도 마스크 사재기와 암거래 등이 성행했던 것처럼, 앞으로도 적어도 COVID-19가 종식될 때까지는 이런 사회적 분위기가 만연할 듯하다.

   COVID-19는 후진국에 더 큰 피해를 주고 있다. 인도, 아프리카 등이 그 예시가 될 수 있다. 특히 요즘 뉴스에 많이 나오는 인도는 최근에 축제가 끝나고 코로나가 본격적으로 퍼지기 시작했는데, 이는 그 나라의 교육 수준과 시민 의식과도 밀접하게 결부되어 있다고 생각한다.

   COVID-19는 UN의 무능함을 일깨워주고 있다. 세계 보건 기구(WHO)는 UN소속의 산하기관으로, 세계인들의 건강에 전반적인 문제가 생긴다면 마땅히 신속히 행동을 취해야 한다. 그러나 코로나 사태 이후 지금까지 WHO가 무엇을 했는지는 딱히 들은 바가 없다. 중국이 주는 지원금을 받아먹으며 아무것도 하지 않는 것을 보니 미국이 UN에 지원금을 끊겠다고 한 이유를 알 것 같다. 지금의 UN을 보자니 마치 일진이 존재했던 학창시절의 반 분위기를 보는 듯하다. 하나의 지구촌을 목표로 하는 UN은 사라진 지 오래이고, 코로나가 종식된다 하더라도 또다시 강대국을 중심으로 한 보이지 않는 냉전이 시작될 것 같은 느낌이 든다.

의료 인문학

배형우

　의료 인문학을 어떻게 정의해야 할지, 상당히 어려운 논점인 것 같다. 의학은 기본적으로 과학에 바탕을 두지만, 인간을 대상으로 생명을 다루는 학문이므로 인문 사회학적 관점이 빠질 수가 없다는 것이 학문적 특징이다. 때문에 의료 인문학은 의학을 바라보는 두 가지 관점 중에서 사회적인 관점에 더욱 초점을 둔 학문이라고 보면 될 것 같다.

　그에 대한 주제는 방대할 것이다. 대표적으로 생각해볼 수 있는 것은 바로 의료의 '가치'에 대한 논쟁이 될 것이다. 의료 윤리와 연계하여, 환자에게 이루어져야 할 최선의 처방과 치료는 무엇인지, 연명치료의 진행과 중단은 어떻게 결정되어야 하는지 등 시행하는 행위에 대한 타당성과 가치를 확인해 보는 일이 중요하다. 이와 관련된 사회적 분쟁, 의료법의 체제 등도 같이 포함될 것이며 외에도 의학의 교육이라든가, 의학발전에 대한 논쟁, 원격의료는 가능한가에 대한 논의 등등 여러 가지가 있다.

COVID-19의 충격

　개인적으로 생활 속 의학의 존재가 얼마나 중요한지를 느끼게 해줬다. 전 세계적인 감염병이 인류 종말의 한 가지 이유가 될 수 있다는 내용 자체는 모르고 있었던 것은 아니다. 하지만 딱히 실감나지 않았고, 비위생적인 환경요인이 크다고만 생각했는데 이번 코로나 사태를 겪으며 그 위험성을 크게 느낀 것이다. 아직은 아니지만 한국이 대략 집단 면역을 형성할 때까지 약 2년 동안 우리의 생활은 크게 변화했고 변화할 것이다. "비대면"으로 이루어지는 작업과 행위가 기존에 비해 가진 장단점이 드러났고, 생각보다 효율이 크게 떨어지지는 않았다는 점에서 앞으로의 산업 형태가 또다시 변화할 것 같다는 생각이다.

　산업적인 측면 말고도, 일단 가장 크게 느끼는 것은 체제의 측면이다. 물론 코로나 바이러스의 영향력이 가장 큰 것 같긴 하지만, 그래도 과거에 비슷한 전염병의 사례가 없었던 것은 아니다. 그에 반해서 "이번의 대처가 과연 과거의 단점을 고쳐 더욱 발전된 대처였는가?"에 대해서는 선뜻 답하기 어려운 것 같다. 앞으로 비슷한 상황이 나타날 것에 대비하여 국가적으로, 또한 전 세계적으로 의료시스템을 더욱 탄탄하게 구축했으면 하는 바람이다.

COVID-19의 충격

백지우

   2002년 11월 중증급성호흡기증후군의(Severe Acute Respiratory Syndrome) 앞 글자를 따서 명명한 사스는 7개월 동안 확진자 8000명, 774명이 사망하였다.
   2009년 6월 유행하기 시작하여 그해 12월에 들어서야 안정되었던 신종플루의 경우 2009년 4월부터 2010년 8월까지 총 76만 3759명의 감염자와 270명의 사망자를 기록하였다.
   2015년 메르스로 확진자 186명, 사망자 38명 발생하였다.
   COVID-19는 2021년 5월 4일기준 확진자 124269명, 사망자 1840명으로 모두 동물에서 유래된 바이러스가 원인이며 기침, 재채기 등의 비말로 인해 전파된다는 공통점이 있다.

   기간은 짧지만 수십만 명을 감염시킨 신종플루에 비하여 극복할 것 같다는 마음으로 시작되었던 것 같다. 그러나 사회적 거리두기, 방역지침에도 불구하고 아직 줄어들 기미가 보이지 않는다.
   코로나 자체가 우리의 일상이 되었고, 마스크 없이 어디론가의 이동은 불가능하다.

세상에 열 올리고 화를 뿜어내면 안 된다. 가는 곳마다 체온을 체크하니 37.5가 넘지 않도록 다스리며 살아야 하고, 이동 장소 모든 곳에 연락처를 적어야 하니 비밀스럽게 다닐 곳도 없다.

친하다는 이유로 공유가 당연함이 아니듯 마스크로 입을 막고 필요한 말만 해야 할 것이고, 사회적 거리두기만큼 개인의 영역을 존중하며 살아가야 할 것 같다.

급변하는 세상이기에 처음 초등학교에 입학하는 7살 아이도 Zoom을 통하여 담임 선생님과 반 친구들을 만나고, 알아야 할 정보는 컴퓨터와 웹드라이브에 저장해 놓았다가 필요할 때 꺼내어 사용한다. 굳이 힘들게 암기하려 하지 않는 세상이다.

필요한 생필품이나 물건은 온라인을 통하여 주문하면 다음날 아침 문 앞까지 배송 되어 있는 놀라운 로켓배송시대에 살고 있는 것이다. 배송날짜까지 지정하면 당일 퀵 배송도 가능하다.

모든 것이 빠르게 빠르게 진행되다 보니 어느 순간 사회적 거리두기와 활동의 멈춤은 견디기 힘든 답답함일지 모르겠다. 반면 은둔형 인간에게 최적화 된 사회라는 우스갯소리도 들은 적이 있다. 5인 이상 집합금지여서 친구의 생일도 카카오톡 선물하기로 메시지와 함께 "카톡" 하고 보내면 된다.

따뜻한 느낌의 '함께'라는 단어가 이제는 두려움의 느낌이다. 사실 이제는 대면하며 해왔던 모든 일상이 까마득하게 느껴진다.

어릴 적 골목길에서 옹기종기 모여 놀았다는 부모세대의 이야기를 동그랗게 큰 눈으로 놀람을 표시했는데 후세의 학생들은 아파트 놀이터도 아닌 각자의 방에서 세계의 모든 친구들을 만나 볼 수 있다. 글로벌화 되어 웃어야 하는 건지. 사실 모두가 바라던 세계화는 이런 형태는 아닐 것이다.

지금의 학생들은 80년대 경제화를 이룬 부모님 세대와 함께 이 경험을 하고 있다. 부모님들도 처음인 경험, 학생들도 처음인 경험, 평소 같으면 겪지 않았을 색다른 경험들이다.

우리는 이 이상하면서도 힘든 시기를 각자 나름의 방식으로 경험하며, 서툴게 한 걸음 한 걸음 걸어가고 있다.

의료 인문학

손원빈

 '의료 인문학'이란 의학이라는 특수한 학문과 그 실전 상황에서 의료인들이 적절한 의사결정을 내릴 수 있도록 돕는 인문학이라고 생각한다. 여태까지 의료인의 육성 커리큘럼에서 의료 인문학의 비중은 현저히 적었다. 의료 인문학의 필요성뿐만 아니라 정의조차 제대로 논의된 적이 없었던 터라, 제대로 교육받지 못한 의료인들은 다른 직업군에서 볼 수 없는 복잡하고 특이한 상황을 맞닥뜨리며 문제 해결에 많은 어려움을 겪어왔을 것이다. 의료 행위는 사람의 생명을 다룬다. 또 의료 결정 과정에서 필연적으로 정보의 부족, 또는 의료인의 실수에 기인한 잘못된 판단이 생길 수 있고, 이러한 의학의 불확정성에 대한 이해가 부족한 환자나 그 보호자들은 그 비난을 오롯이 의료인에게 돌리기 마련이다. 이렇듯 의료인이 환자에게 의료 행위를 하는 과정에서 많은 문제와 마찰이 있을 수 있고, 그에 따른 윤리적인 문제도 있을 수 있다. 의사로서 예리하고 정확한 의료 지식과 시술 능력도 중요하지만, 이러한 갈등 상황을 잘 다룰 줄 아는 능력 또한 필요하다. 의료 인문학은 이러한 의료인들의 능력을 함양하는 학문이라고 생각한다.

COVID-19의 충격에 대해서

COVID-19 사태를 맞이하여 우리는 많은 변화를 겪었다. 유래 없는 전염병 시대에서 마스크는 필수가 되었고, 수많은 사람들이 직장을 잃기도 하고, 예전의 일상으로 돌아가지 못하기도 하였다. 우리의 생각보다 훨씬 더 오래 지속되는 이 COVID-19 사태에 사람들은 점점 지쳐가고, 이에 방역도 곳곳에서 구멍이 뚫리고 있다. 이러한 위기 속에서도 인류는 백신을 만들어내고, 접종을 시작하여 일상을 되찾고자 노력중이다. 백신의 접종과 이로 인해 형성되는 집단면역만이 유일한 해결책처럼 보이는 지금, 우리는 언제쯤 소중했던 예전의 일상을 되찾을 수 있을까.

의료 인문학

송누리

　1990년대부터 의료 인문학(Medical Humanities) 교과과정을 주도해 온 뉴욕 의과대학의 구분에 따르면, '의료 인문학은 의학교육에서 인문학과 사회과학 그리고 예술(학)을 결합시킨 통합적 교과과정이자 학문'으로 정의된다. 이미 1970년대 이후 질병의 사회문화적 측면에 대한 문제의식에서 의료윤리의 중요성은 부각되어 왔는데, 2000년대를 전후로(국가별 차이는 있으나) 본격화된 의료 인문학은 의료윤리학(medical ethics), 의학사(medical history), 의철학(philosophy of medicine) 이 모든 것을 포괄하는 개념으로 요즘 관심이 높아지고 있는 영역이다. 이 중에서 의료윤리 부분은 의사가 진료나 연구 시 꼭 알아야 할 부분이기에 국가고시에 반드시 포함시켜야 한다는 주장도 제기되고 있다.

　의료계를 비롯한 여러 전문 직종에서 윤리의식의 부족으로 인한 사례들이 보여지고 있어 의료계도 윤리의식 성장의 노력으로 의료윤리교육이 필요하다는 공감대가 빠르게 확산되고 있다. 황우석 사건, 김 할머니 사건 등으로 의사의 직업윤리의 필요성이 절실하게 다가왔다. 하지만 이런 문제들을 올바로 판단하고 행동하는데 필요한 지식이 없다는 것이 문제이기에 의료윤리에 관한 명확한 지식이 필요하다.

　의료윤리교육을 크게 의사로서 지녀야 할 직업윤리, 생명과 의료행위에 대한 의료윤리, 의학 연구에 필요한 연구윤리로 분류하고 있다. 이제 의사들도 의사가 되기 위해 의사로서 갖추어야 할 기본적인 직업윤리와 생명윤리, 연구윤리를 의과대학 교육과정에 속히 도입해야 한다는 목소리가 커지고 있다. 이미 외국의 경우 의과대학 과정 중에 이러한 과정을 시행하고 있는 학교들이 늘어가고 있는 추세이다. 우리는 의료 인문학이라는 새로운 창구를 통해 환자와 소통하고 환자의 고통을 잘 이해할 수 있을 것이다.

　더 이상 의료윤리를 몰라서 저지르는 비윤리적인 행위가 발생해서는 안되기에 의료 인문학을 통해 철학적 사고의 빈곤과 환자와의 소통의 부재를 극복하고, 삶과 죽음 그리고 고통의 문제를 자신의 문제로 받아들이고 깊이 고민하는 의사가 되어야 한다. 의사의 역사를 바로 해석하고 이해함으로써 현재 의료계가 처해 있는 어려운 상황을 역사적 관점에서 분석하고, 예측해서 우리의 길을 개척해 나가야 한다.

COVID-19의 충격

2019년 12월 중국 우한시에서 발생한 바이러스성 호흡기 질환. '우한 폐렴', '신종코로나바이러스감염증', '코로나19'라고도 한다. 2020년 3월 세계보건기구가 팬데믹을 선언했으며, 2020년 도쿄 올림픽이 연기되는 등 많은 국제 행사가 취소되거나 연기되었다. 이 질환은 초기 '우한 폐렴', '신종코로나바이러스감염증' 등으로 통용되었으나, 세계보건기구(WHO)에서 신종 바이러스 이름을 붙일 때 편견을 유도할 수 있는 특정 지명이나 동물 이름을 피하도록 한 원칙에 따라 2월 11일 'Corona Virus Disease 2019'를 줄인 'COVID-19'로 명명했으며, 한국 질병관리본부에서는 한글 명칭을 '코로나바이러스감염증-19(약칭 '코로나19')'로 정했다.

코로나19는 주로 호흡기로 전염된다. 감염되었을 경우 바이러스는 폐를 침범하며, 고열과 기침, 호흡곤란 등의 증상이 발생하고 폐렴과 유사한 증상을 보인 끝에 심한 경우 폐포가 손상되어 호흡 부전으로 사망에 이르기도 한다. 잠복기는 3~7일이지만 최장 14일까지 이어지기도 한다. 2020년 1월 30일 중국에서는 잠복기가 23일까지 늘어난 사례가 있다고 발표했다. 코로나19는 증상이 나타나지 않는 잠복기 중에도 전염되는 사례가 있다고 보고되었다.

코로나19 투병 후 장기간 후유증을 앓는 '코비드 후 증후군(Post-COVID syndrome)'이 사회 문제로 떠오르기 시작했다. '코비드 후 증후군'은 '롱 코비드(long COVID)'로도 불리며 코로나19에 걸린 이후 최소 3개월 이상 지속적으로 신체 곳곳에 이전과는 다른 불편함을 느끼는 현상을 뜻한다. 대표적 증상은 완치 후 호흡곤란, 만성피로, 집중력 저하, 기억력 악화 등 다양한 후유증이 있다. 현재까지 밝혀진 '코비드 후 증후군' 원인은 지속적 바이러스 감염과 만성적 자가면역 질환, 코로나 19 감염으로 야기된 조직 손상이 계속되기 때문이라는 점만 확인됐다. '코비드 후 증후군'은 아직 치료법이 발견되지 않아 재활기를 견디는 방법이 전부다.

오늘날 겪는 세계화, 도시화, 기후 위기, 생태계 파괴, 고령화, 초연결의 세상은 바이러스의 확산에 도움이 되는 방법이다. 이로 인해 바이러스의 전파 속도가 상상을 초월할 만큼 빨랐다. 반면에 보건 의료 인프라와 경제적, 제도적 안전망들의 수준에 의해 각 나라별 피해 정도가 천차만별이다. 이런 불평등으로 인해 코로나19는 전 세계에서의 여러 문제를 여실히 보여주고 있다.

의료 인문학에 대해

양승유

　어떻게 보면 의료 인문학이라는 건 다소 낯선 분야일 수 있다. 동시에 낯설어서는 안 되는 분야가 아닐까 싶기도 하다. 의료인에게 있어서 의학적 지식과 그에 걸맞은 실력은 당연히 요구되어 마땅하지만 최근까지 인문학적 소양과 그에 걸맞은 마음이 절대적으로 중요한 요소가 되지 않았다는 사실이 조금은 어색하게 다가온다. 결국 의사와 환자의 관계에는 의학만이 존재하는 것이 아니라 사람 대 사람의 긴밀한 관계 또한 분명히 존재할 텐데 말이다.

　"의료 인문학이 잊힌 의학의 기초"라는 말이 유독 와 닿는 이유는 아마 실제로 의학의 기초는 인간의 선한 본성에서 왔다 해도 과언이 아니기 때문이라고 생각한다. 한 인류학자가 문명의 시작은 부러졌다 붙은 뼈의 흔적부터라는 말을 했다. 누군가의 뼈가 부러지고, 그 뼈가 붙을 때까지 옆에서 보살펴 줬다는 증거이니까. 그렇게 나 또한 우리는 그 선한 기초를 잊지 않고 우리의 지식의 방향을 끊임없이 조정하고 인문학에 기초하는 우리의 정신을 잊으면 안 된다고 생각한다.

COVID-19의 충격

어쩌면 Pre COVID-19의 시대, 즉 코로나 발병 이전의 시대가 완벽하게 돌아오지 못할 수 도 있다는 글을 보았다. 이맘때쯤 종식할 거라고 예상되었던 코로나 바이러스는 이미 역대 전염병들의 기록을 갈아치우고 역사상 그리 종류가 많지 않은 Pandemic에 당당하게 이름을 올렸다. 그나마 역사적으로 크게 기억되는 팬데믹은 14세기에 유럽 인구 3분의 1을 휩쓸어버린 흑사병, 20세기 초에 유럽 인구를 또 가루를 내버린 스페인 독감, 그리고 아시아를 크게 강타한 홍콩 독감 정도가 있다. 의학이 크게 발전한 현재 지금 이 순간 Pandemic, 즉 WHO가 가장 높은 위험 단계로 인식한 전염병은 HIV/AIDS 그리고 COVID-19뿐이다.

Pandemic이 다시 아랫단계로 내려오는 방법은 그리 좋은 방법이 많지 않다. 감염자 증가 속도가 줄어들어야 되는 건 너무 당연하지만 Pandemic으로 인식됐다는 건 그 빠르게 늘어나는 속도를 떠나 사망자 증가 속도까지 너무 빠르게 증가된다고 인식되어서다. 아이러니하게도 전염병은 손대지 않으면 알아서 종식한다. 다 죽어버려서. 그럼에도 힘들게 의료진들이 열심히 일하는 건 감염자 증가 속도를 늦춘 다기보단 사망자 증가 속도를 늦추는데 더 의미가 있다. 감염자 증가 속도를 줄이는 건 우리가 정말 노력해야 된다.

사람들도 많이 달라졌다. 기본적으로 바뀌어 버린 사회관계를 비롯한 개인적인 인간관계, 운동생활, 식생활들이 전부 형태를 잃으면서 굉장히 많은 사람들이 육체적으로나 정신적으로 힘들어하고 있다. Covid Blue 라는 코로나로 인한 우울증이라는 신조어도 생겨나고 있는 만큼 무시할 수 없는 영향이 존재하고, 평소라면 오염 강박증이라고 진단이 내려졌을 법한 집착성 행동들도 지금은 오히려 당연하게 여겨지는 새로운 사회적 패러다임이 형성되었다.

우리는 아마 정말로 돌아가지 못할 것 같다.

의료 인문학에 대해

이승민

의료 인문학이란 의료활동과 인간에 대한 학문인 인문학을 접목시켜 의사의 업무를 단순히 표면적으로 병을 고치는 것이 아닌 깊진 않더라도 환자에 대한 이해를 통한 심층적인 치료를 할 수 있도록 하는 것이라 생각합니다. 또한 환자를 단순한 치료대상이 아닌 사람으로 대함으로써 현대사회의 보편적 선인 인본주의를 실천할 수 있는 기반을 마련해줍니다.

COVID-19의 충격

인문학적인 관점에서 보면 사람 간의 대면횟수가 줄었을 뿐만 아니라 마스크를 써 얼굴도 제대로 보지 못하게 되었습니다. 대화는 인터넷을 통해 할 수 있으나 사람 간의 직접적이고 솔직한 감정적 교감이 줄어들었다고 생각합니다. 거꾸로 생각해보면 혼자 있는 시간이 늘어나 자신에 대해 생각해볼 수 있는 시간이나 개인적인 여가활동 시간이 늘었다는 점도 있다고 생각합니다.

좀 더 넓게 보면 전 세계적으로 경제활동이 저하되어 일자리가 줄게 되었습니다. 주식과 가상화폐시장이 활기를 띠는 이유도 여가 겸 일자리가 없는 사람들의 수입 수단으로 활용하려는 목적에 의한 것이라 생각됩니다. 또한 대면에 제한이 생기며 인터넷 사용빈도와 양이 크게 증가했고 일상생활에서 비대면 수업, 재택근무 등이 활성화되며 생활 양상도 크게 변화됐습니다.

많은 사망자가 나오고 사회적 고립을 겪는 사람도 많아지는 등 코로나는 우리사회에 큰 충격을 주었습니다. 그러나 이전과는 사뭇 다른 생활을 하며 느끼는 장점들(단점보다는 현저히 적겠지만)을 코로나 종식 후에도 잘 활용할 수 있었으면 하는 바람입니다.

의료 인문학

최경민

의료 인문학은 의료윤리학(medical ethics), 의학사(medical history), 의철학(philosophy of medicine) 세 부분으로 이루어진 개념으로 요즘 관심이 높아지고 있는 영역이다. 이는 우리나라 의사들이 환자를 대하면서 반드시 알아야만 되는 분야이지만 현대의학이 우리나라에 전해지면서 의학교육의 한 부분으로 자리 잡지 못했다. 그동안은 의료 인문학에 대해 배울 기회가 없었기에 앞으로 우리나라 의사들이 배워야 할 과제로 남아 있다.

의료계에서는 의과대학 교육에 의료 인문학을 포함해야 한다는 것과 실현 가능한 부분만 시험에 포함시켜야 한다는 공감대가 이루어지고 있다. 의료 인문학 중에서 의료윤리 부분은 의사가 진료를 하거나 의학연구를 하면서 꼭 알아야 할 부분이기에 국가고시에 반드시 포함시켜야 한다는 주장도 제기되고 있다.

전문직 영역에서 의료계뿐만 아니라 일부 성직자들의 타락, 법조인들의 비윤리적인 행위들로 인해 이들에 대한 위상과 신뢰가 추락하고 있다. 이들은 그들의 위상을 바로 세우기 위해 윤리교육을 포함한 많은 노력을 시작했다. 의료계도 그러한 노력의 일환으로 의료윤리교육이 필요하다는 공감대가 빠르게 확산되고 있다. 실제로 많은 의사들이 진료현장에서 환자나 동료 의사들 사이에서 일어나는 윤리적인 문제들을 접하면서 혼란스러워 하고 있다. 무의미한 연명치료 중단이라는 김 할머니 사건을 통해 생명의료윤리 문제가 대두됐다.

황우석 사건을 통해 연구와 출판 윤리에 관한 문제가 노출됐다. 무분별한 할인진료와 진료실 성추행사건을 통해 진료현장의 질서가 어지럽혀졌다. 의사의 직업윤리의 필요성이 절실하게 다가왔다. 하지만 이런 문제들을 올바로 판단하고 행동하는 데 필요한 지식이 없다는 것이 문제다. 많이 당황하고 분노했지만 이에 관한 대처방법(survival tool)들을 아무도 가르쳐주지 않았고, 배울 기회도 없었다. 지금 의사들에게 꼭 필요한 것이 바로 의료윤리에 관한 명확한 지식(survival ethics)이다. 의료윤리교육을 크게 세 부분으로 설정을 해 놓은 일본의 경우를 참조할 만하다. 이들은 의사로서 지녀야 할 직업윤리, 생명과 의료행위에 대한 의료윤리, 의학연구에 필요한 연구윤리로 정해 놓고 접근하고 있다.

이제 의사들도 의사가 되기 위해 의사로서 갖추어야 할 기본적인 직업윤리와 생명윤리, 연구윤리를 의과대학 교육과정에 속히 도입해야 한다. 의사국가시험에 의료윤리과목이 들어가는 것은 선택이 아닌 필수라고 생각된다. 이미 외국의 경우 의과대학 과정 중에 이러한 과정을 시행하고 있는 학교들이 늘어가고 있다. 지금이라도 이러한 노력을 하지 않는다면 기계적인 사고에만 익숙해 있는 한국 의사들의 철학적 사고의 빈곤이 언제 바닥을 드러낼지 모르는 상황이다.

우리는 의료 인문학이라는 창을 통해 환자와 소통하고 환자의 고통을 잘 이해할 수 있을 것이다. 의료의 본질은 환자를 위해 존재한다. 의사로서 갖추어야 할 의료윤리와 의철학, 그리고 의사의 역사를 공부하고 이해함으로써 이 시대와 미래의 인류가 바라는 의사상을 정립할 수 있을 것이다.

더 이상 의료윤리를 몰라서 저지르는 비윤리적인 행위가 발생해서는 안된다. 의철학을 통해 철학적 사고의 빈곤과 환자와의 소통의 부재를 극복하고, 삶과 죽음 그리고 고통의 문제를 자신의 문제로 받아들이고 깊이 고민하는 의사가 되어야 한다. 의사의 역사를 바로 해석하고 이해함으로써 현재 의료계가 처해 있는 어려운 상황을 역사적 관점에서 분석하고, 예측해서 우리의 길을 개척해 나가야 한다.

COVID-19의 충격

2019년 12월 중국 우한시에서 발생한 바이러스성 호흡기 질환. '우한 폐렴', '신종코로나바이러스감염증', '코로나19'라고도 한다. 신종 코로나바이러스에 의한 유행성 질환으로 호흡기를 통해 감염되며, 증상이 거의 없는 감염 초기에 전염성이 강한 특징을 보인다. 감염 후에는 인후통, 고열, 기침, 호흡곤란 등의 증상을 거쳐 폐렴으로 발전

한다. 2020년 3월 세계보건기구가 팬데믹을 선언했으며, 2020년 도쿄 올림픽이 연기되는 등 많은 국제 행사가 취소되거나 연기되었다.

　이 질환은 초기 '우한 폐렴', '신종코로나바이러스감염증' 등으로 통용되었으나, 세계보건기구(WHO)에서 신종 바이러스 이름을 붙일 때 편견을 유도할 수 있는 특정 지명이나 동물 이름을 피하도록 한 원칙에 따라 2월 11일 'Corona Virus Disease 2019'를 줄인 'COVID-19'로 명명했으며, 한국 질병관리본부에서는 한글 명칭을 '코로나바이러스감염증-19(약칭 코로나19)'로 정했다.
　2002년 중국 광둥성에서 발생한 사스는 박쥐의 코로나바이러스가 사향고양이를 거쳐 변이되어 인간에게 감염된 것으로 홍콩, 타이완, 싱가포르, 베트남, 필리핀 등 동남아시아 지역과 캐나다, 미국 등으로 전파되면서 세계보건기구(WHO) 기준 8천여 명의 감염자와 775명의 사망자가 발생하여 9.6%의 치사율을 보였다. 이 당시 사스는 한국에 4명의 감염자가 발생했으나 사망자는 없었다.

　코로나바이러스감염증-19는 주로 호흡기로 전염된다. 감염되었을 경우 바이러스는 폐를 침범하며, 고열과 기침, 호흡곤란 등의 증상이 발생하고 폐렴과 유사한 증상을 보인 끝에 심한 경우 폐포가 손상되어 호흡 부전으로 사망에 이르기도 한다. 잠복기는 3~7일이지만 최장 14일까지 이어지기도 한다. 2020년 1월 30일 중국에서는 잠복기가 23일까지 늘어난 사례가 있다고 발표했다. 코로나바이러스감염증-19는 증상이 나타나지 않는 잠복기 중에도 전염되는 사례가 있다고 보고되었다.

코로나바이러스감염증-19의 병원체는 기침이나 재채기를 할 때 2m 이상 날아가며, 공기중에서는 3~4시간이 지나야 완전히 사라지는 것으로 밝혀졌다. 배출되어 스테인레스나 플라스틱, 유리, 지폐 표면에 내려앉은 바이러스는 3~4일까지도 생존하며, 구리에서는 4시간 정도 생존한다. 신발 바닥에 붙었을 때에는 실내로 옮겨질 수도 있는데, 고무와 가죽 같은 신발 밑창에서는 5일까지도 생존하는 것으로 알려졌다.

코로나19 투병 후 장기간 후유증을 앓는 '코비드 후 증후군(Post-COVID syndrome)'이 사회 문제로 떠오르기 시작했다. 영국 주간지 이코노미스트는 3일(현지 시각) '코비드 후 증후군'이 사회 문제로 확장될 가능성을 점치며 사회와 정부의 대비가 필요하다고 주장했다. '코비드 후 증후군'은 '롱 코비드(long COVID)'로도 불리며 코로나19에 걸린 이후 최소 3개월 이상 지속적으로 신체 곳곳에 이전과는 다른 불편함을 느끼는 현상을 뜻한다. 대표적 증상은 완치 후 호흡곤란, 만성피로, 집중력 저하, 기억력 악화 등 다양한 후유증이 있다. 현재까지 밝혀진 코비드 후 증후군 원인은 지속적 바이러스 감염과 만성적 자가면역 질환, 코로나 19 감염으로 야기된 조직 손상이 계속되기 때문이라는 점만 확인됐다. 코비드 후 증후군은 아직 치료법이 발견되지 않아 재활기를 견디는 방법이 전부다.

그 어느 때보다 바이러스 전파에 유리한 환경이 조성되고 있는 것도 문제다. 이는 바이러스의 급속한 전파를 불러온다. 오늘날 겪는 세계화, 도시화, 기후 위기, 생태계 파괴, 고령화, 초연결의 세상은 바이러스에게는 다시없는 기회이고, 인간 사회로서는 피할 수 없는 위기이다. 세계적으로 자유무역과 여행이 보편화되면서 바이러스는 비자도 없이 전 세계를 돌아다니는 반면 전염병이 유행하면 국가마다 병원체 전파를 막기 위해 불가피하게 봉쇄정책을 쓰게 되고, 그에 정비례해서 경제 충격과 침체의 골이 깊어지게 된다. 역사적 사례 분석에 의하면, 감염병으로 인한 경제적 충격의 1/3은 감염병 확산이 원인이고, 2/3는 불확실성에 대한 공포에 기인한다고 한다.

    또 하나 부각되고 있는 문제는 심각한 불평등이다. 보건 의료 인프라는 물론이고, 경제적, 제도적 수준에 따라 질병이 끼치는 피해에서 큰 차이를 보인다는 것이다. 결과적으로 최근 전 세계를 공포에 빠뜨리고 있는 코비드-19 사태는 필연적으로 일어날 수밖에 없었다는 분석을 하고 있다. 인류 문명사는 한 마디로 '전염병과의 전쟁의 역사'라 할 수 있다. 시대 변화에 따라서 신종 감염병이 출현하기도 하고, 전염병으로 문명이 소멸하는 등 팬데믹과 문명의 관계는 떼려고 해도 뗄 수가 없다. 코비드-19 바이러스의 공격도 그 연장선상에서 볼 수 있다.

의료 인문학

최동균

의료 인문학은 무엇인가?

의학·의료가 그 본질상 이론이자 실천이라면 의료 인문학도 이론이자 실천일 수밖에 없다. 즉 의료 인문학은 의료를 인문학적, 이론적으로 연구하는 것이자, 의료의 인간화를 모색하고 실현하는 실천이다. 실천의 강조는 자칫 의료 인문학이 의과대학이나 의료진을 위한 연구로 자신의 영역을 축소하거나 스스로 도구화한다는 우려를 낳는다. 그러나 코로나19 이후 이러한 우려는 불식된다.

코로나19 이전 보건의료는 의료진과 환자라는 특정인을 중심으로 한 것, 생로병사와 관련된 삶의 특정 기간과 관련된 것이었지만, 코로나19 이후 보건의료는 특정인이 아니라 모든 사람과 관련된 것, 우리 삶의 중심에 놓여있는 것이 되었기 때문이다. 감염병의 확산과 방역 상황에 따라 인간의 삶과 사회, 경제가 얼마나 빠르고 크게 요동치는지 우리는 보고 있다. 의료 인문학은 이렇게 재편되어가는 인간과 삶의 모습을 성찰하는 한편, 의료를 중심으로 재편될 삶과 사회의 모습에 목소리를 내야 한다.

실천을 위한 가치 설정의 필요성

실천을 위해서는 먼저 의료 인문학이 지향하는 가치가 확립되어야 한다. 한국 정부는 코로나19 발생 초기부터 대응의 3대 원칙으로 '개방성, 투명성, 민주성'을 설정했으며, WHO의 권고에 따라 인적·물적 이동의 제한을 최소화했다. 지향하는 가치와 원칙의 선명한 제시는 거시적인 대처에서부터 미시적인 대처에 이르기까지 혼란을 최소화했다.

이론적 연구 영역에서는 충돌하는 가치들, 입장들 사이의 논의가 어떠한 전제도 없이 계속되어야 한다. 그러나 실천적 측면에서 의료 인문학은 지향하는 가치와 원칙을 확립할 필요가 있다. 그래야 의대생의 교육, 예비 의료인의 인적성 검사, 의료진에 대한 윤리적·심리적 지원부터 환자와 시민들을 대상으로 한 실천에 이르기까지 일관성과 방향성 있는 실천을 할 수 있다. 이것은 '인간가치의 정립'을 실현하는 것이기도 하다. 예상치 못했던 코로나19 사태로 이 과제는 천천히 풀어나가야 할 과제가 아니라 시급한 당면 과제가 되었다. 아래에 고려할 가치, 혹은 원칙들을 제시해본다.

첫째, 전인성: 지성, 인성, 감성의 조화

의료진에게는 비판적 추론과 적절한 판단을 내릴 수 있는 지성이 필요하다. 그러나 이것만으로는 부족하다. 의료는 타인을 살리고 고치는 도구가 될 수 있지만 타인을 해치는 흉기가 될 수도 있다. 그리고 이 해침에는 단지 의료적 과오만이 아니라 환자의 마음에 주는 상처도 포함된다. 특히 감염병의 확산으로 의료진이 감염 위험에 노출되는 상황에서 의료진의 도덕적 자질은 감염병 최전선을 지키는 방패이다. 뛰어난 지적 능력뿐만 아니라 적절한 도덕적 자질과 성품으로서의 인성이 의료진에게 필요하다.

그러나 자칫 간과되기 쉬운 것이 감성이다. 근대의 생의학 모델은 과학적 의학을 표방하면서 감정적으로 초연한 자세를 선호했다. 그러나 그 결과 환자는 사람이 아니라 질병으로, 신체의 한 부위로 환원되었고 감정을 발산하지 못한 의료진은 로봇과 같이 되도록 강요받거나 발산하지 못한 채로 쌓이는 감정에 오히려 번아웃이 되었다. 그러나 현재와 같은 초유의 사태에서 위험과 과로를 무릅쓰고 움직이기 위해서는 지성과 인성만으로는 부족하다. 마치 부모와 자식의 아픔을 대하듯 환자의 아픔에 슬퍼하고 공감하는 감성의 힘이 있어야 한다. 또한 그들의 회복에 기뻐하는 감성이 있어야 한다. 그리고 한편으로 감정의 발산이 피로가 되어 쌓이지 않도록 그것을 관리할 줄 알아야 한다. 의료진의 의학적 지식의 습득과 임상적 수련은 인문사회학적 지성, 인성, 감성 교육에 의해 보완되고 의료 실천의 과정에서도 지속적으로 인문사회학적 지원을 받아야 한다.

또한 보건의료가 모든 이의 문제가 된 지금, 지성-인성-감성의 조화는 의료진에게만 필요한 것이 아니다. 전사회적으로 감염병 확산을 두려워하고 방역에 동참하고 있는 시민들, 환자이자 잠재적 환자, 간병인이며 방역에 참여하고 있는 시민 모두에게도 필요하다.

둘째, 연대성: 인류, 동물, 환경을 아우르는 전지구적 연대와 소통

코로나19의 파도는 사신(死神)처럼 각국의 문을 두들겼다. 완강히 막으려 해도 결국 문은 열리기 마련이며 우리가 목도하는 현실은 온 세계가 하나의 바다로 연결되어 있어서 각자에게 닥치는 파도만 막는다 해서 사태가 마무리되지는 않는다는 것이다. 감염병은 지역과 국가, 인종, 연령, 성별이라는 사람 간의 차이를 넘어선다. 또한 이번 사태는 인간을 넘어서 인간과 동물, 환경이 공생과 공존의 관계임을 일깨워준다. 전 세계적 감염병의 확산은 세계적 교류가 많아지고 환경을 훼손한 결과이다. 인간이 자연을 함부로 파헤치고 변형시킨 결과 야생동물과 인간의 접촉이 빈번해졌으며 이동수단의 발달은 지구를 한 집처럼 빠르게 감염이 확산되도록 만들었기 때문이다. 이러한 문제의식으로 이미 세계보건기구(WHO)를 비롯하여 우리나라의 복지부도 건강정책에 대한 새로운 접근법으로 '사람과 동물, 환경 등 생태계의 건강이 모두 연계돼 있다는 인식 아래 모두에게 최적의 건강을 제공하기 위한 협력 전략'인 '원헬스(One Health)'를 제시했다.

인간, 동물, 환경 모두의 최적 건강을 도모하는 방향으로 전환하기 위해 의료 인문학은 전 인류적, 전 지구적 인식 전환을 꾀해야 한다. 인식 전환 없이 이루어지는 보건의료정책의 시행은 피상적인 효과밖에 못 가져올 것이다. 인문학, 특히 동양사상에는 이러한 인식 전환을 뒷받침할 사상적, 이론적 논의가 있다. 한 예로 불교의 연기 사상은 인간과 인간뿐만 아니라 인간과 동물, 환경이 상호의존적으로 관계 맺고 있음을 말한다. 이러한 상호의존적 관계를 인드라망에 빗대

어 표현하기도 한다. 또한 의료 인문학은 현재의 판데믹(pandemic) 상황에서 전 세계적 대응과 협력의 실패를 반성하고 연대와 협력, 소통의 길을 찾아야 한다. 의료는 의료만의 문제가 아니게 되었다. 건강과 질병의 문제는 연대와 협력, 소통에 대한 인문학적, 사회학적 성찰들이 함께 해야만 해결할 수 있는 문제가 되었다.

셋째, 존엄성: 인간으로서의 품위

여든의 붓다는 늙고 병들어 죽어갔다. 춘다가 대접한 공양에는 상한 돼지고기(혹은 독버섯이라고도 함)가 있었고 그로 인해 붓다는 격심한 배앓이로 아파하면서 죽어간다. 그런데 아픔 속에서도 붓다는 제자 아난다에게 이렇게 당부한다. "아난다여, 만약 춘다가 자신이 바친 음식을 들고 여래께서 돌아가셨다고 괴로워하거든 이렇게 말해주거라. 여래에게 마지막으로 공양한 자는 큰 이익과 과보를 받을 것이니라. 오래 살 것이고 좋은 몸과 힘을 얻고, 명예가 높아질 것이다. 살아서는 많은 재물과 보배를 얻고, 죽으면 하늘에 태어날 것이다." 신체적 고통의 순간에도 자책하며 괴로워할 타인을 배려하는 것이야말로 붓다가 붓다인 이유이다.

코로나19는 많은 국가, 많은 사람들의 민낯을 드러내주었다. 생명을 위협하는 공포와 불안 속에서 인간으로서의 품위와 배려를 지키기는 어렵다. 비록 한국은 꽤 성공적인 대처를 하고 있으나 그것을 완벽한 성공이라 말할 수는 없다. 그 수가 적든 많든 생명들이 스러져갔으며 그것은 그들, 그리고 그들의 가족과 지인들에게는 돌이킬 수 없이 큰 고통과 상실이기 때문이다. 그래도 필자는 한국 정부와 국민이 가장 위기의 순간에도 다른 사람과 더불어 살아가는 한 인간으로서의, 다른 나라와 공존하는 한 국가로서의 품위를 잃지 않았다고 생각한다. 가장 위기의 순간에도 품격 있는 나라가 되는 것, 품격 있는 나라로 평가받는 것은 이를 통해 한국의 위상이 높아지기 때문에 중요한 것이 아니다. 죽음의 위협과 국가적 패닉 상태에서도 인간과 국가가 인간으로서의 품위와 존엄성을 잃지 않을 수 있음을 보여주기 때문에 중요한 것이다. 시간이 꽤 걸리더라도 감염병은 언젠가 지나갈 것이다. 그때 우리에게 더 상처로 남을 수 있는 것은 위기와 혼란의 상황에서 인간이 인간답지 못했다는 것이 될 수도 있다. 의료인문학은 인간의 얼굴이 품위와 존엄성을 잃지 않도록 지켜야 한다.

COVID-19의 충격

COVID-19은 전 세계적으로 우리 생활의 모든 방면에 있어서 큰 영향과 충격을 가져왔다. 이를 한군데에 모아서 말하기에는 그 영향력이 현재진행형인데다 워낙 부피가 커서 분야들을 나누어보았다. 여기에서는 정치, 교육, 불평등, 종교, 심리학적 영향, 경제, 전 세계적 측면으로 나누어서 기술하도록 하겠다.

정치적인 측면

상당한 수의 중국 공산당(CPC) 소속 지자체 공무원들이 중부 지역에서의 전염병 발생이 그들의 검역에 대한 직무 수행의 미흡으로 받아들여지며 직무에서 해제되었다. 한편, 일부 전문가들은 이것이 코로나 바이러스 대유행에 의한 사람들의 불만이 시진핑 주석에게 향하지 않도록 그 방향을 돌리는 조치로 보고 있다. 일부 논평가들은 질병으로 인한 대중의 불만 표출이 중국 공산당에 대한 드문 항의일 것이라고 언급했다. 한편, 상당수의 국가들은 전염병을 자국의 중국에 대한 지지를 드러내기 위한 기회로 삼고 있는데, 훈센 캄보디아 총리의 중국 특별 방문이 그 대표적인 예시이다. 캄보디아의 훈센 총리가 중국에 대한 캄보디아의 지원을 보여주기 위해 중국을 특별히 방문하였을 때와 같이 많은 나라들이 중국에 대한 지지를 보여주기 위해 코로나19 범유행을 이용하였다.

미국 대통령인 도널드 트럼프는 전염병에 대한 미숙하고 미미한 대응 방식에 사람들에게 비판을 받았다. 그는 오해의 소지가 있거나 혹은 허위성 주장을 하고, 적절한 정보를 제공하지 못하고, 대유행의 중요성을 경시한 혐의로 기소되었다. 트럼프는 또한 잠재적인 전염병에 대비하기 위한 미국 국가 안보리의 세계 보건 안보부를 폐쇄한 것에 대해 비난을 받았다. 마스크를 쓰지 않고 나온다든지 등의 기행들을 하더니 결국 2020년 10월 2일 자신도 코로나 확진 판정을 받았다.

이란 이슬람 공화국 정부는 이란 입법부의 최소 20명(약 10%)이 감염되는 등 바이러스의 영향을 많이 받았으며, 부통령을 포함하여 최소 15명의 현재 또는 전 정부 고위 관리들 또한 감염되었다. 알리 카메네이와 모하마드 자바드 자리프 고문은 코로나로 인해 사망하였다. 이러한 바이러스의 확산으로 향후 정권의 지속성에 대한 의문이 제기되고 있다.

- 주권에 대한 영향

Geoeconomics 및 국가 위험 전문가들은 이탈리아 같은 일부 이미 연약 국가에 영향을 미칠 수 있는 정치적·경제적 주권의 잠재적인 침식을 주장하였다. 에드워드 루트 왁은 "진리의 바이러스"라고 표현하였다. 또한 세계 연금위원회(WPC)의 이사이자 세계은행 글로벌 인프라 시설(GIF)의 자문위원회 위원인 M.니콜라스 피르즐리는 이를 "큰 금융 위기"라고 언급하였다. 그리고 "금융 및 지정학적 기능장애로 국가 경제가 결과적으로 고통을 겪을 것이며, 그들의 정치 주권 자체가 심각하게 침식될 수 있다"고도 이야기하였다.

- 시민권과 민주주의

이란, 요르단, 모로코, 오만, 예멘은 신문의 인쇄와 배포를 금지하였다. 3월 30일 헝가리 의회는 빅토르 오르반 총리에게 무기한의 통치권을 부여하였다.

- 세계 평화

코로나바이러스 대유행은 국가 간의 분쟁 관계를 악화시켰다. 또한 유엔안전보장이사회의 전 세계적 휴전을 요구하는 결의안이 만들어졌다. 2020년 3월 23일 안토니우 구테흐스 유엔 사무총장은 코로나19 대유행 사태에 대한 유엔의 대응으로 범세계적인 휴전을 호소하였다. 2020년 6월 24일 170개의 유엔 회원국과 참관국은 항소를 지지하는 구속력 없는 성명서에 서명하였고, 이튿날에는 두 개국이 추가로 서명하였다. 유엔 안보리는 2020년 7월 1일 유엔 안보리 결의 2532호를 통과시키며 모든 상황에서 적대 행위를 즉각적이고 총체적으로 중단하라고 요구하며, 사무총장과 특별대표 및 사절단의 노력을 지지한다고 밝혔다. 적어도 90일 연속 지속되는 인도주의적인 일시 휴전에 즉각적으로 동참할 것을 호소하는 한편, 범유행 사태를 해결하기 위한 국제적 협력 또한 촉구하고 있다.

교육적인 측면

코로나19 범유행으로 전 세계의 교육 시스템에 영향을 미치면서 학교와 대학이 세계에 걸쳐 광범위하게 휴교령을 내렸다. 유네스코가 3월 25일 발표한 자료에 따르면 코로나19로 인한 학교와 대학의 휴교령이 165개국에서 전국적으로 시행되었다. 이는 폐교까지 포함하면 전 세계 15억 명 이상의 학생들에게 영향을 끼치며, 전체 학생의 87%를 차지한다. 원격, 온라인 수업이 진행되는 일부 국가와 학교가 있다.

코로나19와 불평등

저소득층의 사람들은 코로나바이러스에 감염되어 사망할 가능성이 더 높다. 뉴욕시와 바르셀로나에서는 모두 저소득 지역들이 코로나바이러스로 인해 타격을 받았다. 왜 이런지에 대한 가설은 빈곤층의 가정이 혼잡한 주택에서 생활하고, 위기가 닥쳤을 때 필수라 여겨지는 슈퍼마켓이나 노인 요양과 같은 낮은 기술직에서 일할 가능성이 더 높기 때문이라는 의견이 제기되었다. 미국에서는 수백만 명의 저소득자가 보험에 가입하지 않았거나 일부만 들어 의료에 충분히 접근할 수 없었다.

종교

코로나 범유행은 다양한 종교에 있는 예배가 취소되고, 주일학교가 운영되지 않으며, 기념식과 축제를 취소하게 되는 등 다양한 길로 종교에 영향을 끼쳤다. 많은 교회, 시너고그, 모스크, 사찰이 전염병 속에서 라이브를 통하여 예배를 하였다. 또한 종교단체와 구호단체는 피해 지역에 의료 용품 및 구호물자를 보냈다. 많은 종교 신자들이 함께 모여 전염병의 종식을 기도하였으며, 코로나19 확진자들이 믿는 신이 의사와 과학자들에게 질병과 싸우는 지혜를 주기 위해 기도하기도 하였다. 미국에서 트럼프는 2020년 3월 15일에 "하나님의 치유의 손이 우리나라의 사람들에게 놓일 것"이라고 말하며 이 날을 국가 기도의 날이라 지정하기도 하였다.

심리학적 영향

2020년 3월 18일 세계보건기구(WHO)는 코로나19 범유행 사태의 지시사항과 몇 가지의 사회적 고려사항을 다루어 정신건강 및 정신사회적 문제와 관련된 보고서를 발표하였다.

반려동물이나 다른 가축들이 인간에게 코로나바이러스를 전염시킬 수도 있는지에 대한 의심 때문에, 많은 사람들이 전염을 두려워하며 반려동물을 기르기를 꺼려하였다. 일례로 아랍권에서는 많은 연예인이 사람들에게 반려동물을 기르고 보호하라고 목소리를 내고 있다.

- 코로나 블루

코로나 19와 우울감을 뜻하는 blue가 합쳐진 '코로나 블루'라는 신조어가 생기기도 하였다. 코로나바이러스감염증-19의 전 세계적인 유행로 인해 감염에 대한 스트레스 및 불안으로 생기는 심리적 영향을 얘기한다. 코로나바이러스감염증-19의 장기화로 인하여 외출 자제, 모임 금지, 자가 격리, 사회적 거리 두기 등으로 삶이 변화된 것에 따른 스트레스나 우울감을 말한다.

- 우울증·자살

코로나19 범유행으로 인해 격리 및 사회적 활동의 제한, 공포, 실업 및 재정적인 요인으로 인한 사회적 고립으로 인해 우울증에 걸릴 확률이 높아지고, 자살율의 잠재적 상승에 대한 우려로 이어지고 있다.

경제적인 측면

코로나 바이러스 방지를 위한 각국의 여행제한과 봉쇄 조치로 인해 세계 경제적 불황이 기정사실화 되었고, 불과 한 달 만에 세계 경제가 심각한 경제적 타격을 받게 되었다. 특히 케빈 하셋 경제학자는 향후 "코로나19 팬데믹은 1929년 대공황 사태를 재현할 수 있다"라고 더욱 심각한 상황을 예견하였다.

코로나19 팬데믹으로 인한 대규모 해고가 발생하고 있으며, USA 투데이 등에 따르면 미국 노동부 발표에서 미국에서도 해고된 노동자들이 급증하였다. 세계 각국이 실업 대란의 공포에 시달리고 있으며, 호텔과 차량 업계 등 수만 명의 정리해고가 시행되고 있다. 국제노동기구에서는 향후 2500만 명의 대규모 실업사태를 경고하였다.

2020년 3분기 대한민국 수출 실적이 20% 이상 감소하고 대기업

실적도 줄어들었다.

전세계적인 측면

원래 2022년 FIFA 월드컵 예선 경기들이 2020년에 열려야 했던 경기들이 대부분 모든 경기가 2021년으로 연기되었고 따라서 2022년에도 예선 경기를 진행하게 되었다.

- 아시아

코로나19 범유행으로 인하여 본래 2020년에 열려야 할 2020년 도쿄 하계 올림픽이 1년 연기되었지만, 이마저도 확실하지 않다. 중국에서는 전염병이 지속적으로 확산되자 많은 사람들이 마스크를 구입하고, 마스크가 품절되는 상황이 발생하고 있다. 춘절과 겹친 코로나 바이러스의 대대적인 유행으로 중국의 물류 체계가 마비되면서 해외 배송이 지연되고, 직구 시장이 타격을 입고 있다.

- 유럽

유럽 내 12개국에서 열릴 예정이던 UEFA 주관 축구 국가대항전 UEFA 유로 2020 대회가 1년 연기되었다.

의료 인문학

최동욱

 의학도로서 의학과 문학의 연관성에 대한 생각은 많이 해본 적이 없다. 의대를 오기 위해서 그리고 어린 시절에 문학 책을 많이 읽었던 모습은 어디가고 지금은 전공 서적을 보고 공부를 하며 문학책과는 먼 삶을 살고 있다. 허나 문학은 인간의 삶에 관한 것이고 또한 인간의 내면을 이해하는 것에는 문학만한 것이 없으므로 진정으로 인간을 이해하고 인류의 건강에 보탬이 되고자 하는 의학도는 문학을 접하고 인간에 대해서 사색을 하는 것을 게을리 하면 안 될 것이다.

 인문학에는 다양한 분야가 있고 그 중 문학으로 대표되는 인간의 본성에 관한 고찰은 인간이라면 그리고 성숙한 성인이라면 누구나 한 번쯤 해 보았을 고민이지만 누구나 쉽게 답을 내리기는 어려운 주제이다. 지금 시가총액 1~2위를 다투고 있는 애플의 전략은 고도로 발달된 기술이 아닌 감성이다. 이만큼 인간은 이성보다는 감성에 젖어서 행동을 하게 되고 이런 사람이 대다수이기 때문에 고전경제 이론의 근간인 인간은 합리적인 사고를 하고 선택을 한다는 전제에서 노벨경제학상을 받은 행동경제학의 넛지 이론에 이르기까지 인간의 본성을 이해하는데 많은 노력이 있었다. 허나 그 전부터 문학은 이것에 대해서 많은 예시와 함께 답을 내리고 있었다.

문학에서 나오는 인물들이 천편일률적으로 이성적으로 행동을 하기만 하지는 않는다. 현실에서도 그렇다. 이런 것들을 보았을 때 문학을 많이 접하고 특히 고전을 접하면서 많은 인간에 대한 생각을 하였을 때 의사로서 공감능력과 다른 이를 이해하는 능력 그리고 여러 가지 사람들의 처지를 고려하여 합리적인 의사결정을 하는 것에 도움이 될 것이다.

COVID-19의 충격

비대면시대로 대표되는 사회적 변화를 맞이한 인류는 이제 한 발자국 더 나아갈지 퇴보하게 될지 갈림길에 서 있다. 2019년 12월에 중국 우한에서 코로나바이러스가 발견된 후 지금까지 우리 사회에 많은 변화를 주게 되었다. 먼저 사람과 사람이 만나는 일들이 줄어들면서 밖으로 돌아다니는 활동이 줄어들고 재택근무가 늘어나면서 많은 사람들이 우울감을 호소하고 있고 또한 답답함을 느끼고 있다. 1년 이내로 끝났다면 다행이지만 지금까지도 지속되고 있고 유행이 계속 찾아오면서 마스크를 쓰고 다니는 것과 손을 씻고 다니는 것이 일상이 되었다.

산업 전반에 대해서는 코로나로 인해서 산업이 침체가 되어 구직활동을 하고 싶어도 못하는 사람들이 많아졌고 결국 이들은 주식투자와 펀드 그리고 비트코인으로 대표되는 가상화폐에 목숨을 걸게 된다. 실물 경제는 점점 박살이 나고 있으나 주식시장과 가상화폐 거래에 돈이 몰려서 호황 아닌 호황을 누리고 있는 것이 현실이다. 언젠가 이 과열된 열기가 식고 냉정하게 돌아볼 때가 오게 된다면 현실은 정말 참담할 것이다. 기형적으로 변한 산업구조와, 금융계와 산업계의 온도 차이가 현실로 다가올 때쯤 제2의 IMF를 가뿐히 뛰어넘는 제1의 포스트코로나 시대가 될 것이고 지금은 이 때를 대비해야 한다.

의료 인문학 산책

제2부

한낮의 산책길

한낮의 산책길

점심 숟가락을 놓자마자 부리나케 청사공원으로 달아난다.

코로나 바이러스 창궐로 난리가 났어도 나의 숲공원 사랑은 더욱더 타오른다. 차 소리를 뒤로하고 숲속으로 재빨리 숨는 기분 어찌나 은밀한지! 무심코 지나쳤던 야생초 이름을 부지런히 익힌다. 발밑에서 자라는 야생화 이름 하나 변변히 모르고 뛰어 다닌 것이 그리 큰 자랑인가?

잠시 이들 이름을 소개한다:

갯버들: 높이 1~2m. 낙엽활엽 관목. 전국 각지에 분포하며 냇가나 산골짜기 등 물기가 많은 땅에서 서식.

달 뿌리풀: 높이 1.5~3m. 여러해살이 풀. 우리나라 전역에 분포하며 냇가나 강가에 서식.

석창포: 높이 10~30cm. 다년생 상록초본. 남부지방의 냇가나 골짜기의 습한 바위틈에 서식.

다음은 잠자리 종류를 상세하게 소개한다.

밀잠자리, 노란허리 잠자리, 고추잠자리, 아실아실 잠자리, 소금쟁

이 등등 어릴 때 뛰어 놀며 손바닥에 한 번씩은 잡았던 잠자리들 이름과 학명을 새삼 어렵게 외운다.

　청사공원의 장점은 도심 한가운데에 '자연마당'을 조성한 노고라고 하겠다. 대나무 오솔길이 끝나면 암석초 화단이 나오고 군락을 이루고 있는 흰 마가리트와 노란 금계국. 옆으로는 '놀이 체험장'이 나와 아이들을 손짓한다. 비둘기가 뒤꿈치까지 따라오고, 명랑한 까치 떼와 목청껏 노래하는 직박구리 소리를 뒤로 두고 한 바퀴 돌면 이윽고 원형 경기장의 트랙 같은 잔디공원이 펼쳐진다. 넓디넓은 잔디밭은 체증이 뚫리듯 쇄락灑落하다. 벤치에 앉아 잠시 신발의 먼지를 털고 먼 곳의 친구들에게 문안을 한다.

　코비드-19 발발 후 비명처럼 쏟아지는 말들도 진력이 난다. 식사 한 끼를 마음 편하게 나누지 못하고 전전긍긍하는 나날. 생태계 고리가 끊어져 발광을 한 바이러스가 인간을 숙주 아니 볼모로 잡고 있다고 할까. 우리의 무분별, 횡포, 탐욕의 소치에 바이러스도 극한으로 대립하여 인류를 벼랑 끝으로 몰아붙인다. 진작에 생태계의 보존 기후변화 자연보존에 적극적인 노력을 기울이자고, 고어(Al Gore) 부통령이 대통령의 유혹을 물리치고 환경 운동가로서 전 세계를 향해 사자후를 토한 후『불편한 진실(inconvenieent truth)』을 써서 노벨 평화상을 받은 것은 기꺼운 일이나, 고어 한 개인의 치적이 지구촌 구석구석에서 벌어지는 무지막지한 생태계 파괴를 어이 물리치리요?

　나의 집 데크에 벌집이 있어, 빨래를 널러 나가면 벌들이 윙윙거리며 내 주위를 돌아도 이제껏 벌에 쏘인 적은 없다. 사람만이 탐욕에 눈이 멀어 인간의 도리 인정 측은지심을 묵살하고 가시적 성과 공적에 혈안이 되어 대자연을 홀대한 결과 지금 호되게 반격을 당해 오들오들 떨고 있다. 코로나 바이러스의 대반격은 우리가 자초한 과거의 인과로서, 전 세계를 공포의 도가니 팬데믹으로 몰아넣어 인류멸망의 조짐이라는 말까지 떠돈다.

시골 태생인 나는 대자연의 숨결이 뼛속까지 박힌 사람인지라 살얼음판 같은 이 형국에도 날마다 산책을 거르지 않는다. 루소(Jean Jacques Rousseau)가 외쳤듯, 소로(Henry Thoreau)가 몸소 월든(Walden) 숲속에 들어가 살면서 본보기를 보였듯이 인간 본연의 자연으로 돌아가라는 경고를 마음속 깊이 새기며, 쉬운 시를 읽고 산책을 하고 저녁미사에 가서 촛불봉헌을 한다. 아직 끝이 보이지 않는 터널 속을 잠자코 가다보면 숲공원과 습지와 관목숲의 고리가 이어져 홀연 무지개가 피어오를지 누가 아는가!

무성서원-단정하고 검소한 서원

　전라북도 정읍시 칠보면 무성리에 있는 무성서원武城書院은 2019년 7월 6일 우리나라에서 열네 번째 유네스코 세계문화유산으로 등재[1] 되었다. 오늘까지 한국에서 교육과 사회적 관습 형태로 지속되어 온 성리학과 관련된 문화적 전통의 증거이며 성리학 개념이 여건에 맞게 바뀌는 역사적 과정을 보여준 한국 서원의 탁월한 보편적 가치가 인정을 받았다. 한국의 서원이 하나의 유형으로 정립되는 과정은 물론 성리학이 동아시아 전역에 확산되어 지역적 특색을 가진 사례로 큰 가치를 지니게 되었는데 이 무성서원이 서원의 주요기능인 성리학 가치에 부합하는 이상적 지식인 양성과 지역의 대표적 성리학자를 사표師表로 삼아 제향祭享하고 지역사회 공론형성의 실천을 한 사원으

---

[1] 한국의 서원은 16세기 중반부터 17세기까지 조선 시대 지방 지식인들에 의해 건립된 대표적 사립 성리학 교육기관이다. 현재 한국에 있는 670여 개 서원 가운데 대표적인 9개 서원이 2019년 7월 유네스코 세계유산으로 지정되었다. 유네스코 세계유산에 등재된 9개 서원은 조선의 성리학 교육과 사회적 확산을 주도한 교육기관이자 무형적·역사적 독특성의 탁월한 증거로서, 성리학자들은 교육에 필요한 기능을 효과적으로 수행하기 위한 교육 시스템과 물리적 시설을 완성하였다. 세계유산으로 등재된 9개의 서원은 영주 소수서원, 함양 남계서원, 경주 옥산서원, 안동 도산서원, 장성 필암서원, 달성 도동서원, 안동 병산서원, 정읍 무성서원, 논산 돈암서원이다.

로 기념되고 있다.

무성서원은 마을 중심부에 자리 잡아 민가가 서원을 둘러싼 형세이다. 서남쪽에 솟은 칠보산에 기대어 형성된 무성리에 성황산을 배경으로 전형적인 배산임수背山臨水형 마을 형국을 이루는 중앙에 무성서원이 자리 잡고 있다. 다른 사원과는 달리 향촌 내 그것도 마을 한가운데 자리하여 향촌민과 함께 지역문화를 선도하며 지식인의 사회적 역할과 책임을 감당하려는 남다른 면모가 엿보이는 곳이다. 그 좋은 예가 병오창의기적비丙午倡義紀蹟碑라 하겠다. 여담餘談이지만 프란치스코 교황이 강조하는 연대를 이 곳 무성서원은 벌써부터 터득하고 실증한 서원이다.

한 발 한 발 조심스럽게 들어가니 전면에는 문루이자 휴식처로 이용한 현가루炫歌樓가 맞이한다. 현가는 예의와 음악으로 백성을 교화한다는 의미다. 다른 서원과는 달리 기숙사인 동재東齋 강수재는 담 밖에 있고(담 밖의 기숙사는 주민과 소통과 연대가 더 활발하게 이뤄지는 대화방 내지 비밀회합 장소가 되지 않았을까? 이 점이 무성서원의 독특한 매력이다), 서재西齋는 현재 남아 있지 않다. 제향공간인 태산사가 가장 뒤쪽 약간 높은 곳에 자리 잡고 있다. 서원은 최소한의 건물들로 이루어져 간결하고 소박한 모습이다. 강수재 앞에 있는 '병오창의기적비'는 80여 명의 선비들이 의병에 합류한 기록을 담고 있다.

무성서원은 1615년에 지역 유림들이 통일신라시대 학자이자 관료

병오 창의 기적비 : 을사늑약에 분개한 면암 최익현이 이 지역 사람들과 의병을 일으켜 싸운 것을 기념해 1992년 12월 정읍 지방 유림에서 세웠다.

인 고운 최치원孤雲 崔致遠을 기려 건립한 성리학 교육시설이다. 최치원이 태산 태수로 있을 때 그를 기리는 생사당生祠堂을 세웠고, 1483년에 정극인이 세운 향학당이 있던 현재 위치로 옮긴 후 옛 지명을 따라 태산사라 불렀다. 이후에 태인 현감 신잠이 지역의 학문을 발전시키고 떠나자 지역 유림이 이를 기리는 생사당을 세웠는데, 1615년에 태산사와 신잠의 생사당 그리고 향학당을 합쳐 태산서원으로 발전시켰다. 1696년(숙종 22)에 왕이 '무성서원'이라는 이름을 새긴 현판을 내려 주어 사액서원賜額書院이 되었다. 앞에는 개울물이 흐르며 뒤에는 성황산城隍山을 등지고 자리한 무성서원은 1868년 서원 철폐령에도 훼철毀撤되지 아니한 전국 47개 서원 중 전북도내 유일한 서원으

로 을사늑약乙巳勒約이 체결된 이듬해인 1906년 면암勉庵 최익현과 둔헌遯軒 임병찬 선생이 일제의 침략에 항거하기 위해 호남의병을 창의한 역사적 현장이기도 하다.

 무성서원은 "단정端整하고 검소儉素한 서원"이란 소개 그대로 정적 속에 졸고 있다. 찻집을 열었던 듯한데 간판이 비에 씻겨 흐릿하다. 안내실 앞에 신발은 있는데 문이 잠겨 있다. 사람이 없는 줄 알았더니 한참 후 내다보며 방각본은 여기 없다면서 두말도 않고 들어가 버린다. 낮잠 자다 깬 모양이다. 하긴 가뭄에 콩 나듯 방문객이 찾아올 뿐 특별한 행사가 열리지 않는 한 적막강산이겠다. 번잡한 21세기에 이렇듯 고적한 사막의 동굴 수도원을 능가하는 침묵 속의 무성서원이니 안내하시는 분이 입을 뗄 일이 드물겠다.
 무성서원은 요란법석 대는 세상을 등지고 내장산 연봉을 뒤로 거느리고 조신하게 몸을 낮춰 과거의 시간을 재조명하고 있다. 시선을 끌 만큼 우람한 건물 눈길을 끄는 울창한 숲속 옆에는 수량이 풍부한 하천을 끼고 있거나 대궐같이 드넓은 터를 차지하지 못하고 동네 속에 있는 무성서원의 형국이 젊은이들의 야심 어린 시야에는 차지 않겠다. 나는 '단정하고 검소한 유산'이라 더욱 귀하지 않느냐며, 병란 속에 전화戰禍로 사라졌을 서원이 요행 목숨을 부지하여 명맥을 이어가고 있는 지금 이 순간이 얼마나 기적같이 아름다운 일이냐며 무성서원을 옹호擁護하였다.
 잃어버린 자식을 찾은 부모의 마음처럼 이 무성서원이 폐허화 내지

역사의 화석을 면하고 유네스코 등재까지 마쳤으니 이 아니 기꺼운가? 선인의 족적이 남아 있는 유산은 그 자체만으로도 무류無謬의 보물이다. 선인들의 치열한 삶의 단면을 잠시라도 떠올리고 그분들 삶의 애환과 미래의 기대는 무엇이었을까를 가늠해 보는 순간은 옷깃을 여미게 하는 무언의 훈령訓令이 있다. 이카루스처럼 속도라는 마법에 걸려 무작정 미래를 향해 달려가도 되는 일인가 전후좌우를 돌아보게 한다.

이 짧은 시간여행은 스베덴보르그(Swedenborg)[2]가 유체이탈을 하여 천국과 지옥을 여행한 후 위대한 선물을 인류에게 남겼듯이 고달픈 나그네에게 영적 해갈解渴이라는 시혜施惠를 내리는 것이다.

때는 여기저기 싸리꽃 흐드러지게 핀 사월 한낮인데, 평일이라 누구 하나 다니는 사람이 없어 적적하다. 사람은 역시 사회-생물학적 존재(Socio-Biological being)이다. 바글바글대는 인파로 러시아워의 혼잡에 지긋지긋해 하다가도 막상 그 군무群舞에서 벗어나면 이렇듯 텅

---

[2] 에마누엘 스베덴보르그(Emanuel Swedenborg, 1688~1772)는 스웨덴의 수도 스톡홀름에서 출생, 웁살라대학에서 언어학·수학·광물학·천문학·생리학·신학을 수학했다. 자연과학을 연구하여 광산학자로서의 권위를 인정받고 아이작 뉴턴과 같은 최고 과학자의 반열에 올랐으나, 57세에 심령적 체험을 겪은 후 하늘의 소명을 받고 시령자(視靈者)·신비적 신학자로 전향했다. 이후 그는 27년간 영계를 자유자재로 오가며 지옥과 천국을 체험했고, 그 모든 것을 낱낱이 기록으로 남겼다. 스베덴보르그는 57세가 되던 1745년부터 84세로 세상을 하직하는 1772년까지 27년간 사후세계를 마음대로 왕래했다. 그 영계여행은 수백 번인지 수천 번인지 또는 수만 번인지 알 수 없다. 스베덴보르그는 영계탐방 후 지상으로 돌아오면 저술에 몰두했고, 27년 동안 수만 페이지 분량의 영계저술을 남겼다.

빈 공허감(empty feeling)을 느낀다. 마치 떠나온 도시가 나를 버리기라도 할까봐 전전긍긍戰戰兢兢하여 서둘러 돌아간다. 찻집은 문을 닫았다. 손님이 얼마 없는데 찻집을 열기도 무안하겠다. 요기를 할 만한 곳이 눈에 띄지 않는다. 현가루의 호젓한 누각에서 더 시간을 보내고 싶은데, 신발을 털고 잠시 쉴 만한 곳이 없다. 내키지 않는 발길을 돌려 신태인 IC로 나오니 무성서원 안내판이 큼지막하게 눈에 바로 띈다. 내가 태어나기 전 한때 아버지가 정읍 전매국에 근무하셨다고 들었다. 아버지는 분명 이 무성서원을 좋아하시고 틈틈이 소요逍遙하셨으리라. 손에서 책이 떠나지 않으셨던 수불석권手不釋卷의 청파진인(靑波眞人, 선친의 호)이셨으니….

다시 찾은 명재고택

윤증

명재고택은 1999년 늦은 봄 한솔과 서린을 앞세우고 잠시 돌아보았었다. 후손이 저녁식사를 하다말고 나와 안내를 하는 통에 서둘러 안채를 둘러보고 나왔던 그때의 미진함을 이번 초하의 휴일에 드디어 해갈解渴. 노성산성까지 이어지는 관광 벨트화로 관광버스가 들어오고 문화사업의 일환으로 다례, 전통 음악공연, 천연염색 등의 프로그램과 한옥 스테이까지 이뤄지고 있다. 바깥마당에는 느티나무 거목 아래 즐비한 된장독이 눈길을 끈다. 된장을 판매한다는 소개가 나온다. 혹자는 명가의 후손으로서 선조에게 누累가 된다고 비판을 하는데, 십삼 대 손에 이르도록 이 집을 지켜온 그 후손들의 집념과 노고에 경의를 표하는 것으로 족하겠다.

명재고택의 연못

윤증尹拯[3]의 생애는 소론 영수로서 평생 관직에 발을 들여놓지 않고 유림의 양생과 학문에 힘쓴 지조의 일생이다. 그의 사상의 정수는 이 건축물에서도 그 향기가 그윽하다. 조선후기 반가班家의 건축구조로서 손색이 없는 단아한 고가. 관직이 없었으니 육중한 솟을대문을 세울 필요가 없었고 오로지 학문에 목이 타는 유생들을 맞이

---

3 윤증(1629-1714) 조선 후기 노론과 소론의 분립 과정에서 소론의 영수로 활동했던 조선의 문인. 본관은 파평, 자는 자인, 호는 명재, 유봉으로 사제간이었던 송시열과의 개인적 감정과 함께 남인에 대한 처벌문제로 서인이 강·온 양파로 분리될 때 그를 지지하는 사류들에 의해 소론의 영수로 추대되었다. 송시열을 비롯한 노론측은 현실과의 일정한 타협을 통해 권력을 장악하는 데 최우선의 의미를 두었던 데 비해 윤증을 내세운 소론측은 현실과의 타협을 거부하며 명분을 고수하려 했는데, 그가 죽은 뒤 소론이 거세되면서 관직이 추탈되었다가 후에 복권되었다.

하고자 마당에서 바로 돌계단을 오르면 사랑채 문이 열리는 구조이다. 당연히 안채와는 대문과 내담을 쌓아 내외간의 엄격한 공간분리를 도모하였다. 이 사랑채라는 공간은 비록 중앙에서 먼 한촌이지만 니산尼山의 안온한 산자락에 은둔하여 불철주야 성리학의 완성에 혼신을 다한 명재의 꿈의 영지였음이랴. 니산에 은둔한 명재도 그러나 당쟁의 소용돌이를 피해가기는 어려웠을 터. 우암尤庵 송시열과의 불화는 급기야 서인이 노·소론으로 분열되어 종내 명재는 붕당(소론)의 영수가 되었으니, 지금에 와서 회니시비懷尼是非[4]를 현재 우리 식으로 비방할 까닭은 없으렸다. 오히려 조상에 대한 대쪽 같은 숭앙과 자신의 원칙과 주장에 반하면 친구도 제자도 그 누구도 마다않고 내칠 수 있는 완고한 우암尤菴의 추상같은 호령이 찌렁찌렁 남간정사南間亭舍를 울릴 법하지 않은가! 윤증은 아버지 윤순거의 묘갈명을 스승인 우암이 너무도 무성의하게 지어준 것에 대해 서운함을 참을 수 없었던 것인데, 이 또한 가문에 대한 지극한 애착이 아니겠느뇨? 벼슬을 끝까지 거부하여 백의정승으로 추앙받는 윤증. 회덕과 논산은 백리 내의 거리인데, 숙종 당시 불꽃 튀는 당론의 공간이었으련만 한 떼의

---

4 숙종조에 충청도 회덕懷德에 살았던 우암尤庵 송시열과 그의 제자로서 니산尼山에 살았던 명재明齋 윤증은 여러 가지 일로 불화를 빚었다. 1684년(숙종 10) 4월에 송시열의 제자 최신이 조정에 윤증을 고발하고 처벌을 요구함으로써 국가 차원의 정치적 분쟁이 되었다. 두 사람의 제자들은 각기 스승을 변호하고 상대방을 비판하는 논쟁을 벌임으로써 조정이 시끄러워지고 서인이 노론과 소론으로 갈라지게 한 요인이 되었다. 결국 1716년(숙종 42) 7월에 숙종이 처분을 내려 송시열은 잘못한 것이 없고, 윤증은 잘못한 것으로 판정하여 윤증을 유현儒賢으로 대접하지 말 것을 지시하였다. 이를 '병신처분丙申處分'이라고 하는데, 이로써 30여 년간 논란 되었던 '회니시비'는 공식적으로 종결되었다.

장독대가 살림의 규모를 실감케 한다

구경꾼들이 휩쓸고 떠나면 고가는 칠흑 같은 어둠속에 함구緘口하리라.

  사랑채는 많은 논객들이 모여 앉아 열띤 담론이 오가는 듯하다. 사랑채 툇마루에 앉아 흙먼지를 털고 쉬고 싶으나 발자국을 죽이며 돌아 나와 장방형 연못가로 나온다. 연못에서 물고기들이 입을 내밀고 숨 쉬는 소리가 에코가 되어 묘한 코러스의 화음을 이룬다. 연못 속 물고기들이 하늘과 나무와 행인인 우리들에게까지 나름 귓속말로 인사를 하나? 아주 포에틱한 장면이다. 명가의 연못은 물고기들까지도 가상嘉祥하다.

선비가 내세우는 지조의 덕목이 실은 유약한 은둔이 아니라 극기와 자기 성찰을 통한 초극의 투쟁이지 않았을까? 세속에 휩쓸리지 않고 고고하게 이 한촌에서 연못의 잉어 떼 자갈대는 숨소리에 귀 기울이며 니산을 오락가락 피어나는 구름 궁전을 바라보며 병사리 저수지에서 불어오는 바람소리에서 미래의 이 나라를 바로 세울 인재의 탄생을 내다보았던 것은 아닐까? 은둔자적 삶이 퇴영에 머물지 않고, 더 나은 세상을 향한 밑거름이 되겠다는 바위 같은 일념으로 밤낮없이 양생養生에 전념한 명재. 너나없이 혹하는 관직을 뿌리칠 수 있는 내면의 힘은 어디에서 왔을까? 아마도 누구나 꿈꾸는 미래에의 강한 희원希願에서 오지 않았을까? 더 좋은 미래의 터전을 마련하고자 자신의 영달榮達은 뒷전으로 미루는 그 담대한 웅지가 바로 명재 선조들의 소리 없이 휘날리는 깃발 같은 강인한 표상 아녔을까?

노성산성은 걸어보지 못하고 상월을 넘어오니 바로 볕바른 대명리가 나온다. 이어 시튼(Seaton) 영성원, 신원사新元寺를 지나 갑사지 초입에서 느긋하게 저녁을 먹고 나니 땅거미 선비의 두루마기 자락에 휘감기는 초하의 초저녁 연천봉 홀로 고고孤高하다.

종학당과 고르바초프

충남 논산시 노성면 종학길 39-6에 위치한 종학당은 내내 윤증尹拯의 사상이 전수되어 꽃을 피게 된 산실이라 하겠다.

종학당은 파평윤씨 윤순거(1596-1668)가 문중의 자녀교육을 위해 현재의 위치에 백록당白鹿堂과 정수루淨水樓, 정수암淨水庵 등 세 채의 건물을 지어 건립하였다. 이의 운영을 위한 종약도 제정하고, 일반 서원이나 서당과는 다르게 교육목표와 교육과정을 두고 학칙(초학획일지도)도 정하여 시행하였다. 이를 토대로 파평윤씨 문중과 처가의 자제들이 이곳에서 합숙교육을 받게 되었다. 16세기 중반에 니산尼山(노성)에 자리잡은 노종파(노성의 파평윤씨) 일가가 짧은 시일 내에 조선의 명문가로 두각을 나타낸 것은 바로 종학당의 특별한 문중 교육에 힘입은 바가 크다고 한다. 이곳에서 파평윤씨 자제들을 공부시켜 대과에 합격한 인물이 무려 42명, 무과 합격자는 31명이나 된다고 한다.

초하의 종학당은 명재고택과 다르게 찾는 이들이 없어 정적 속에 잠겨 있다. 무더위가 시작되는 찰나인 한낮에 누각구조인 정수루에 올라가 난간에 걸터앉아 병사리 저수지에서 불어오는 맞바람을 맞고 있으려니 신선놀음이 따로 없다. 옛 선인들은 기류현상을 파악하여 탁 트인 구조로 바람이 돌아 여름 무더위를 물리친 것이다. 합숙을 하면서 자제들을 교육시켰던 윤증 후손들의 집념 또한 장대하여 파평윤씨가 삽시간에 조선 명문으로 돌출하는데 밑거름이 되었다.

  옛 선인들은 풍수지리에 통달하여 이렇게 바람골에 건물을 지어 맞바람이 불어 닥치니 에어컨이 무색하다. 병사리 저수지 맞은편으로 파평윤씨 재실이 보이고, 종중에 관여하는 분들의 발걸음이 분주하다. 파평윤씨 노성공파인 윤석열이 대권선언을 하는 마당이니 이 문중의 환호와 드높은 자부심이 그 어느 때보다 드높으리라. 사막의 은수자처럼 별이 돋을 때까지 앉아 묵상을 하고 싶은 마음 굴뚝같으나, 아직 세상 속에 발을 담그고 있어 아쉬운 마음을 접고 누각을 내려온다. 보인당輔仁堂[5] 앞에는 미하일 고르바초프(Mikhail Sergeyevich Gorbachev) 대통령이 기념식수한 소나무 두 그루와 대리석에 새긴 서명이 눈길을 끈다. 이 한유한 유림촌을 찾아든 고르비의 방문이 이채롭다. 통상 국가 원수의 방문은 요란법썩을 떨고 보무당당한 사단의 사열을 비롯하여 대환영의 물결 속에 무개차를 타고 힘찬 손을 내젓는 등의 의식(ceremony)이 시민의식에 박혀 있기 마련인데. 그런 관점에서 본다면 이런 한촌의 종가를 방문한 고르바초프는 이례적인 분

---

5 참고로 보인당은 인평대군의 사부였던 동토 윤순거 선생이 노성면 두사리 물레고개에 본당과 서재를 갖추어 교육과 학문창달 및 연구 그리고 교류를 위하여 설립 운영하던 곳이었는데 중도에 퇴락하여 도괴된 것을 19세기 덕병공(명재선생 8대손)이 서울 종로구 가회동에 있는 한옥을 매입하여 이곳으로 옮겨 온 것이라고 하며 동토 선생은 명재선생의 중부라는 설명을 덧붙인다.

고르바초프가 종학당 방문 기념으로 식수한 나무

이라 할 만하다. 온갖 풍상을 겪은 고르비에게 대한민국이란 나라의 정신의 맥과 근간을 찾아보고 싶은 것은 그 정신의 영역을 넘나들고 싶은 것은 너무도 열렬한 희원이었으리라. 특히 우리나라의 기적 같은 경제성장과 국가저력에 호의적이었다는 후문이 있다. 빠른 시간에 전쟁의 참화에서 벗어난 민족의 잠재력이 어디에 있나 보통 이상의 호기심을 지녔던 분 같다. 정권 장악력의 실패로 실각했지만 그의 페레스트로이카[6] 사상은 냉전을 종식시키고 누가 뭐래도 세계사의 대전환을 일으킨 분이다. 고르비 대통령의 공과에 대해서는 찬반이 분분하지만 베를린 장벽이 무너지는 장면을 두눈으로 본 자유진영에서

---

6 페레스트로이카(러시아어: перестро́йка perestroika는 '재건', '개혁'이라는 뜻을 가진 러시아어로, 미하일 고르바초프가 1985년 3월 소련 공산당 서기장에 취임한 후 실시한 개혁 정책을 가리킨다. 소련의 정치뿐만 아니라 세계 정치의 흐름을 크게 바꾸어 놓았다. 페레스트로이카 노선의 기본 특징은 헌법 개혁, 법률 개혁, 행정 개혁, 공산당과 노동조합 및 소비에트의 기능 분리, 복수입후보제 선거 등에 의한 정치개혁, 공산당으로부터 소비에트로의 권력 이양, 대통령 권력의 강화, 혼합경제화에 의한 경제개혁, 군비축소, 동서의 긴장 완화, 상호의존체제 확립 등이다.

고르바초프는 이 정책을 수행하면서 국내 정치면에서는 상상을 초월한 정치개혁을 실시하였고, 대외정책면에서는 긴장 완화와 군축정책을 실시하여 동구권의 체제 변혁과 냉전의 종식을 이끌어냈다. 그러나 국내경제면에서는 기업의 자립화나 혼합경제화가 진전을 보지 못해, 인플레와 함께 국민생활이 어려워졌으며 민족문제와 법률문제 그리고 헌법문제가 발생하는 계기가 되었다. 소련 붕괴 직후 사회주의 제도 하에서의 내재적 개혁이었으며, 소련 공산당 내 보수파의 책동으로 인해 실패했다는 평이 일반적이었으나, 오늘날에 와서는 오히려 통화 남발, 국영 기업의 민간 매각 등으로 대표되는 미하일 고르바초프의 미숙한 혼합 경제 정책, 소비에트 제도 후퇴, 경제 계획 기구의 대대적인 해체 등의 요소로 사회주의 국가의 이점을 작동할 수 없게 만든 원인으로 해석되고 있으며, 결과적으로는 공산권의 붕괴를 촉발시킨 핵심 요인이라는 평가가 주를 잇고 있다.

미하일 고르바초프 서기장은 '페레스트로이카'라는 단어를 1986년 톨리아티에서 행한 연설에서 처음으로 언급하였다. 페레스트로이카의 시행기는 대략 1985년에서 1991년까지 이어진 것으로 여겨진다.

페레스트로이카는 경직되어 있던 소련 경제와 행정체계에 혼합경제의 새 바람을 불어넣었으며, 소비에트 연방의 이념 체계를 뒤흔들어 놓았다. 다만 페레스트로이카 정책의 본 뜻은 국가주도의 계획 경제를 벗어나기 위함이 아니라, 몇몇 혼합경제 체제의 특성들을 도입함으로써 소련의 사회주의 경제를 최대한 잘 유지하기 위한 것이었다. 하지만 페레스트로이카는 소련 내부 전체에 정치적, 경제적, 사회적, 문화적인 긴장도를 급격히 높였으며, 소련 내부의 공화국들에서 새로운 형태의 내셔널리즘 정당들이 출현할 수 있게 하였다는 비판을 받았다. 또한 소련 공산당 보수파들 사이에서는 소비에트 이념 자체를 와해시킨다는 비판이 쇄도하였다.

종학당 누각

대환호를 하고 노벨 평화상을 안긴 것이다. 고르비는 아첨을 할 줄 모르고 10시간 근무에도 불평없이 일하는 성실한 자세가 유리 안드로포브의 눈에 띄어 발탁되었다고 하는데, 그런 성품이니 러시아 국민에게 자유를 선물하겠다는 일념으로 글라스노스티 정책을 밀어부쳐 철의 장막을 걷어낸 용기있는 지도자라고 칭송을 받고 있다. 그런 인간적인 분이니 우리나라의 산골짜기 파평윤씨 종가를 찾아 들어와 기념식수까지 하고 떠난 것은 고르비란 자연인의 순수한 면모가 보인다.

한 인간으로서 선비사상이 오롯이 전수된 종학당에서 고르비는 종가의 전통에서 권력이나 물질에 탐하지 않는 중용 청렴 지조의 편린을 느끼지 않았을까? 윤증이 보여준 선비정신의 지평이 가이없다는 것을 종학당의 산실을 보며 직감했으리라. 서방세계 지도자들과 늠름하게 어깨를 겨루던 고르비. 라이사 여사와의 순애보 일화로도 많은 이들을 찬탄케 했던 고르비…. 우르슐라 폰 데어라이앤 EU 집행위원장을 비롯한 서방세계 정상들의 애도가 이어졌으나 푸틴은 참석하지 않고 소리없이 끝난 고르비의 영결식을 그가 식재植栽한 소나무는 아는지 모르는지 무심히 서있다. 종학당을 뒤로두고 발길을 돌리는데, 오바마 대통령이 모스코바 회의에서 백발의 고르바초프와 짧은 면담이 성사되었는데 "보자마자 우리는 권력의 무상함을 눈빛으로 느꼈다"는 자서전의 구절이 뇌리에 맴돈다.

고택을 병풍처럼 에워싸고 비스듬히 기운 우람한 백일홍 나무 둥치가 운치 있다. 소론의 태두였던 명재 선생이 치열하게 유림들과 사상의 쟁론으로 혼신을 다한 집결지임을 웅변한다. 폭염의 팔월이면 만발한 백일홍 꽃잎 고택 담장을 수북이 덮을 텐데, 떨어진 꽃잎을 차마 밟지 못하는 나는 한걸음 물러나 백일홍 꽃을 완상한다면, 팔월의 폭염이 내리쬔다 한들 무엇이 그리 대수이랴?

백제 유적 왕궁리 소묘素描

익산을 지나다보면 왕궁이라는 지명이 나오는데, 이 시골에 왜 이런 호화로운 이름이 붙었나 의아했다. 지명에는 대개 역사의 뿌리가 깊게 숨어 있다는 것을 어른들로부터 자주 듣고 자란 나는 이 왕궁이라는 지명에 대해서 호기심이 발동했다. 복고적 취향이 맞는 친구와 더불어 이른 봄바람이 아직 뼛속까지 파고드는 이월 초하루에 불현듯 왕궁리로 내려갔다.

약 7만 평에 달하는 유네스코 지정 유적지遺跡地 안내도를 따라 발길 닿는 대로 돌아보고 나오는 길에 관리인을 만났다. 세 분이 이 넓은 왕궁터를 돌보고 있다고 한다. 2015년 유네스코 세계유산에 등재되기까지의 과정과 저간這間의 사정과 왕궁의 구조를 일목요연하게 들려준다. 왕궁의 담장은 동서 245m, 남북은 490m로서 장방형의 담장이다. 왕국의 남쪽은 의례나 의식을 관장하는 건물과 왕이 정사를 돌보던 건물과 왕의 가족을 위한 건물들이 4개의 동서 석축을 쌓아 배치되었다. 북측 절반은 왕의 정원과 후원에 속하고 서북측은 공방지가 위치한다. 왕의 정무공간을 남쪽에 두고 후원이나 정원을 북쪽에 두는 것은 중국이나 일본 왕궁에서도 발견되고 있다고 한다. 당시 고대 동아시아 국가 간의 문화교류 사실을 확인할 수 있는 귀중한 단서가 되겠다. 아직은 덜 알려져 적료寂廖하기 그지없는 유적단지이나 발굴의 미래에 대한 대대적인 청사진을 내비친다. 나로서는 폐허에서 겨우 눈을 비비고 일어난 듯한 현재상태가 대만족이지만, 이런 한촌의 유적지에 인파를 끌어 오자면 관광적 구색을 요란하게 갖추어야 되겠다.

  나는 백제 유적지를 돌아볼 때는 묘한 상실감을 맛본다. 신라시대 유적처럼 찬연燦然하게 보존되지 못하고 매몰되어 있다가 뒤늦게 햇빛을 보고 있는 유적발굴의 현장에 오면 웅대했던 과거의 환영과 현재의 폐허가 대비되어 향수병(nostalgia)에 빠진다. 그 폐허의 한 단층에 서게 되면 더욱 융성했던 백제문화가 전소全燒되었다는 것이 아까운 것이다. 백제왕국이 그 이상대로 한껏 포부를 펼쳤더라면 우리 역사의 궤적軌跡도 크게 달라지지 않았을까? 역사의 가정처럼 무망한 일도 없겠지만 말이다. 538년 성왕의 사비천도泗沘遷都의 웅변을 들으면 그 시대에 이미 서해안 허브를 구축하여 해상왕국의 거대한 꿈을 품었던 성왕의 기개氣槪에 탄복하게 된다. 튼튼한 왕권구축과 국력강화를 도모한 정치개혁의 지침指針이었던 것이리라. 백제유적은 호전적이지 않고 유현幽玄하며 고아한 향기를 풍긴다. 나는 틈이 나면 백제문화권 유적권 돌아보기를 즐기는데, 부여라는 고도古都가 자아내는 고즈넉한 정취와 도읍都邑의 풍물은 세월이 비껴간다고 할까, 언제 가도 변함없이 수줍게 나그네를 반겨준다. 구드레 둑방에서 유유히 흐르는 백마강을 바라보면 낙화암 절벽에서 몸을 날리는 궁녀들의 옷자락이 벚꽃처럼 날리는 환각이 일기도 한다.

 이 왕궁은 일정 기간 궁성宮城으로 존립하다가 사찰寺刹로 변경되었다는 기록이 나오는데, 백제가 익산 삼례로 왕궁의 외연外緣을 넓힌 것은 그만큼 영토 확장의 포부가 드높았던 것 같다. 무왕의 출생지가 익산이라 무왕이 천도遷都를 원했으나 대신들의 거센 반발로 뜻을 이루지 못했다는 기록이 전해진다. 익산에 왕궁을 세워 남쪽 국경의 보루로 삼으려는 전략 내지 금수강산의 심장부를 차지하여 중흥中興을 꿈꾸며 강경 포구와 들판을 기화奇貨로 익산 함열咸悅의 무연한 평야와 온화한 기후, 악산이 없는 비옥한 곡창지대를 교두보로 삼았으리라. 나는 풍수지리에 문외한이지만 어린 시절 지관地官이 겨우내 사랑채의 과객으로 머물던 때가 있어 곁불로 쬔 풍월이 있다. 나의 풍수 낙수落穗는 순전히 시각적내지 직관에 의한 단순한 과학적 추론에 불과하다. 가령 미륵사지彌勒寺址의 웅장한 사찰의 규모를 보며 나는 백제인이 온유하지만 그 배포排布와 기상氣像이 남다르다는 것에 혀를 찬다. 자비慈悲와 기복祈福의 일념 또한 무한대를 향했던 것 같다. 미륵사지에 가면 사찰터라고 하기보다 작은 빌리지 같은 기분이 들기도 한다. 다만 이렇게 큰 사찰을 품기에는 주산主山의 혈이 촉급促急하게 보인다. 423 미터의 미륵산이 세 개의 탑과 사찰의 본존불을 모신 금당金堂터가 세 개나 되는 미륵사지를 품기에는 옹색해

오층석탑

보인다. 금계포란의 관점에서 볼 때 알이 커서 닭 날개 밑으로 빠져 나온듯한 기미가 엿보인다. 사찰의 위용에 미륵산이 압도되어 왜소해진 그런 형국이다.

  다시 이웃인 왕궁리로 돌아오면 멋진 사진의 주인공이 되고 있는 오층석탑[7]이 시선을 끈다.

  왕궁리 유적의 상징인 단아해 보이는 오층석탑 하나가 서 있는 정경은 사라진 백제문화의 표징標徵처럼 보인다. 의연하게 독야청청하게 백제문물의 찬란함을 증언해주고 있다. 대군을 잃은 장수가 그러나 홀로 목숨을 연명하였다고 비관하기보다 죽은 병사들 모두의 소원을 대리하여 청청하게 서 있다고 할까. 모진 풍상風霜과 고립을 견디고 역사의 부활을 위해 고고하게 버틴 석탑이라고 하겠다.

  오층석탑 뒤 금당터를 지나 북서쪽으로 왕궁의 화장실 세 곳이 확인되었다. 화장실은 왕궁에서 생활하던 이들이 사용한 공동 화장실

---

[7] 왕궁리 오층석탑(Five-story Stone Pagoda in Wanggungri) : 얇은 지붕돌과 지붕받침들 그리고 단층의 기단을 가진 왕궁리 오층석탑(국보 제 289호)은 가장 유명한 백제계 석탑이다. 높이는 약 9.3m이다. 1층 지붕 위에 2개의 사리구멍을 내고 1층 기단 중앙 심주석 위에 3개의 사리구멍을 뚫었다. 금동여래입상과 청동방은 심주석 사리구멍에서, 도금은제금강경판 등 나머지 사리장엄구는 지붕돌 사리구멍에서 수습했다. 석탑과 사리장엄구의 제작 시기에 대해 의견이 분분하다. 석탑과 금제사리함 등의 양식적 특징으로 보아 통일신라에서 후백제 또는 고려초로 추정한다. 그러나 미륵사지 석탑 금동제사리외호의 무늬 및 〈관음세음응험기〉 속 제석정사 사리장엄구 구성과의 비교, 금강경판의 윤문潤文 현상은 사리장엄구 백제 제작설에 힘을 실어준다. 또는 백제에서 만들어져 후백제까지 전승되었을 가능성도 있다.

로 구덩이 안의 오수가 일정한 높이로 차면 수로를 통과하여 밖으로 빠져나가는 과학적인 구조였다. 발굴 당시 구덩이 안에서 참외 씨, 굴 껍데기, 뒤처리용 막대기와 회충 및 편충 알이 발견되어 화장실의 단서端緖가 되었다고 한다. 왕궁의 화장실은 백제인들의 식생활 문화를 엿볼 수 있을 뿐 아니라, 일본의 고대 화장실과 비교할 수 있는 귀한 자료가 되고 있다. 과학적 원리에 통달하여 실생활에 응용한 백제인들의 지혜가 돋보인다.

　왕궁의 북쪽 가장 높은 곳으로 올라가니 왕의 휴식공간인 후원이 자리잡고 있다. 후원은 궁에 물을 공급하기 위한 역 'U'자 모양 대형 수로와 후원을 꾸미기 위한 조경석, 연회나 제례가 이루어졌을 것으로 보이는 누각樓閣 건물터가 있다. 수로의 안쪽과 가장자리를 장식한 조경석은 어린석魚鱗石이 발견되었는데, 불변성, 불로장생, 신선세계를 상징한다고 하겠다. 정원의 구조가 옛 형태대로 발굴 보존되고 있는 관개수로를 이용한 과학적인 원리의 정원이다. 각종 연회 사신을 영접하며 정사를 논하던 왕가의 정원은 한껏 풍류와 통치의 조화를 꾀한 집념이 엿보인다. 보통은 해자垓字를 파서 물을 가두는데 이 정원은 지형을 살리면서 로마식 수도처럼 물을 끌어와 연못에 다다르게 한 것이다. 백제인들은 무엇을 해도 여유가 있다고 할까 은근히 멋지고 독창적이다.

　정원을 뒤로 두고 적막寂寞한 금당터를 자적自適하게 돌아보고 내

과학적으로 설계된 수로

려오는데 소세양蘇世讓[8] 한시가 눈길을 끈다. 설중雪中의 오층탑에 비치는 달빛은 소세양의 심상에 파문을 일으켰다. 이 중종조의 각료는 황진이와 염문艶聞이 얽혀 있다고 하며, 황진이를 애태우게 한 분으로서의 성가聲價도 내려오고 황진이 시의 주인공 내지 모티브가 된 분이라는 이야기가 전해진다. 황진이는 출중한 용모容貌뿐만 아니라 지략智略에서도 당대의 선비들을 사로잡았던 것 같다.

---

8 소세양(1486-1562) 조선 초기의 문신이자 서예가로서 문장과 시문에 뛰어나 좌찬성으로서 홍문관 대제학과 예문관 대제학을 겸해 文衡의 자리에 올랐다. 문명이 높고 율시에 능했으며 글씨는 송설체를 잘 써서 필명이 높았다고 한다. 1535년 형조판서, 호조판서 1537년에 병조판서, 이조판서를 거쳐 좌찬성을 지낸 후 사직한 뒤에 익산에 머물면서 여생을 마쳤다. 익산 화암서원에 제향되었으며 문집에 〈양곡문집〉, 글씨에 〈임찬권비〉(양주) 〈소세양 부인 묘갈〉이 있다고 전해진다.

>   내일 아침 우리 서로 헤어진 뒤에는   明朝相別後
>   사무치는 정 푸른 물결처럼 끝이 없으리   情與碧波長

《해동시선海東詩選》에 수록된 황진이의 시 마지막 연은 바로 소세양과의 약정이 끝난 후 쓴 시조라고 하니, 당대에 30일 간 계약동거를 하신 분들이라니 그것만으로도 21세기를 사는 우리 세대를 주눅들게 하고도 남는다. 익산 화암서원에 제향祭享되었고 신도비가 왕궁면 용화리 탄곡 용화산 동쪽 기슭에 있다고 하나 거기까지 가기는 어렵다. 기회되면 짬을 내어 소세양과 황진이 염문을 써 볼까나? 그러자면 신도비를 찾고 그 앞에 맑은 술 한 잔이라도 부어야 하지 않을까?

박물관은 공사 중이고 30만여 점의 기와편이 출토되어 일부 교육자료로 야외 솔밭에서 전시하고 있다. 이 기와는 왕궁, 사찰, 담장 구분에 사용되었던 것으로 막새기와와 함께 시대별로 만드는 흙과 제작 방법, 기와의 문양에 차이가 있어 유적의 연대를 추정할 수 있는 중요한 유물이라고 한다. 그저 돌을 쌓아 놓은 것에 불과한 기단의 의미가 중요한 것은 기단의 양식을 통해 당시 일본과의 교류를 추정하게 되었다고 한다. 한낱 기와조각이 아니라 역사의 증언자로서 당당하게 한몫을 하기 위해 그토록 오랜 세월을 참고 견디다 빛을 보게 된 기적의 발견인 것이다. 이렇게 한적한 곳에 거주하면 정신도 맑아지겠다. 왕궁리 초입에 집이 몇 채 있다. 이곳에 오두막집이 있으면 얼마나 좋을까 하는 생각을 했다. 말년을 이런 곳에 은거하여 오층석탑에 비치는 달빛을 밤새껏 바라본다면 유적에 정신을 빼앗겨 탈혼이 될 위험이 있을지언정 날마다 나의 심신心身은 강건하여 활기活氣차리니, 노년의 우울이 찾아들 겨를이 있으리요? 나의 영혼은 활활 불타올라 하늘로 비상飛翔한다. 고도와 폐허의 유적지 한가운데 서기만 하면…

퇴계와 훈데르트바서

훈데르트바서(Hundertwasser)가 지은 비엔나의 아파트가 떠오른다. 기기묘묘한 착상으로 동화를 우리 현실에 끌어 놓은 그 재치에 입이 벌어진다.

주거공간이라면 그저 벽과 지붕으로 구획된 공간으로 단순하게 생각하는 우리들에게 이런 기상천외한 건축가의 창작물인 아파트는 사람이 밥 먹고 자고 화장실 가는 집으로 냉큼 받아들여지지 않는다. 비단결 같은 곡선은 빼어난 장점이나 동선을 고려할 때 편리할까 하는 의구심이 든다. 그 속에서 뒹굴고 살다 보면 뗄 수 없는 정이 들기도 하겠으나, 천정을 향해 자라고 있는 나무가 과연 편안할까?

훈데르트바서의 친자연에의 광적인 경도와 그 찬란한 동경은 우리 선비들이 매화를 귀히 여겨 사랑방 윗목에 매화분을 신주단지처럼 모셔놓고 밤낮으로 정성을 기울인 그 순정과 일맥상통한다. 해묵은 매화가 구부정하게 기울어 잠자는 선비의 코끝을 간질이는 은은한 매화향에 지그시 눈을 뜨는 아침이야말로 조선의 선비가 누리는 최고의 사치 풍류가 아녔을까? 구들장을 깨고 식목하는 대신 토분에 심어 머리맡에 모셔 놓고는 길로 자란 매화가 허리를 낮춰 선비의

뺨을 향해 넌지시 문안을 드리는 사랑채의 아침은 문자 그대로 조선 朝鮮이리라!

고복저수지를 걸으니 홀연히 물안개가 아지랑이 피어오르듯 아련한 날들의 회억이 실타래처럼 풀어진다. 야산에 둘러싸인 저수지가 굽이굽이 소용돌이를 치고 도는 형국으로 작은 피요드를 연상케 한다. 보통은 저수지라면 커다란 둠벙[9]에 가둔 물을 저수지라 일컫는데, 이 고복저수지는 말발굽식(horse-shoe shaped)으로 굽이쳐서 산책길이 단조롭지 않고 병풍처럼 한 장면이 지나면 다음 그림이 나타나듯 신기한 정경이 펼쳐진다.

번잡한 시정에서 몇 발자국만 물러나면 침묵의 오지가 우리 옆에 남아 있다는 것은 천만다행이다. 낚시터로 허용된 곳을 빼고는 눈을 씻어도 행인이 보이지 않는다. 돌풍 속 강추위에 산책을 하는 사람은 나와 내 그림자뿐. 이 광대한 물과 하늘과 숲에 쌓여 혼자 서 있는 내 앞으로 돌연 고라니가 튀어나와 정적을 깨며, 난데없이 곡선의 미학이라고 할까 지질학적으로 말발굽이식으로 출렁대는 저수지 물결에서 훈데르트바서가 겹쳐서 떠올랐던 것이다.

동시에 매화분을 사랑채 윗목에 두어 길로 자란 매화가 등을 굽혀 낮잠 자는 선비의 목침에 어른대면 기지개 켜는 선비 손이 매화꽃잎에 닿겠다. 키가 매화가 자라면서 천정에 닿지 않게 적당히 옆으로 비

---

9 둠벙 : 웅덩이의 방언(충청도 사투리)

도산서원의 모란

스스히 구부려 자신을 낮추는 매화에게서 겸양의 미덕을 찬양하였던 것이리라. 눈 속에 홀로 붉은 꽃잎과 향기를 피우고저 온갖 추운 계절을 견뎌낸 그 인고의 시간 앞에 선비들의 외경이 이어졌으렷다.

　제자들에게 마지막까지 매화분에 물을 주라고 한 후 눈을 감은 퇴계退溪의 유언이야말로 선비가 품은 지고의 양생의 덕과 군자의 상징이 매화일진저. 현실과의 충돌 괴리 속에서도 중용의 덕을 지향했던 그 겸손한 의지. 현세의 진흙탕 속에 이전투구를 하더라도 군자의 덕을 포기하지 않았던 그 절개. 대자연과의 합일 내지 조화에 목숨을 걸었던 이 분들은 자신의 이름 석 자를 세상에 알리는 것조차 속기로 여길 만큼 그렇게 도도했던가!

시사단(試士壇)

　서원의 매화는 지고 모란이 만개하여 눈부시다. 이렇게 탐스럽고 우아하고 고귀한 모란 특히 자주색 모란의 향기가 고혹적이다. 화중지왕花中之王 국색천향國色天香이란 옛 선인들의 모란 예찬에 고개를 끄덕인다. 우리 집 뜰에 왜 모란을 심지 않았나 지난 시간이 아깝다. 목련이 하늘을 찌르고 덩굴장미 포치를 뒤덮으니 능소화가 지붕까지 타고 올라가 눈물을 머금고 잘라내기도 했으니 모란을 키울 겨를이 없었다.

고단한 발 흙먼지를 털고 벤치에 앉아 시사단[10]을 바라본다. 첫 해 시험객이 7,228명이나 몰려 왔다고 하니 당시 퇴계의 명성과 추앙은 산야를 포효했던 것 같다. 여름 해도 뉘엿뉘엿 기울고 시사단試士壇까지 갈 시간은 모자란다. 벼르고 별러서 도산서원을 다시 찾은 우리 일행은 절우사[11]로 통하는 일각문을 나서는 퇴계 옹의 그림자를 밟을까봐 저어하다 미련을 뒤로 두고 조심조심 도산서원을 물러 나왔다.

아아, 매화를 보러 언제 다시 올꼬?

---

10 시사단試士壇 : 도산서원 천광운영대에 서서 강 건너를 보면 운치 있게 솟아 있는 소나무 숲과 비각이 보인다. 조선시대 영남지방의 과거시험 장소를 기념하기 위하여 세운 경상북도 유형문화재 시사단이다. 1792년 정조는 퇴계 선생의 학덕과 유업을 기념하기 위하여, 이조판서 이만수에게 도산별과를 새로 만들어 지방의 인재를 선발하게 하였다. 이러한 과거시험을 기념하기 위해 1796년에 영의정 채제공의 글로 비문을 새기고 시사단을 세웠다. 그 뒤 1824년에 고쳐 세우고, 1974년 안동댐 건설로 물 속에 잠기게 되어 현 위치에서 지상 10m의 축대를 쌓아 그 위로 비각과 비를 옮겨 지었다.

11 절우사 : 도산서원 동편으로 퇴계가 소일한 일종의 정원

바드스테나의 추억

 단풍의 아름다움이 봄날의 꽃향기 못지않게 아름답다는 찬사가 터져 나온다. 특히 구름 한 점 없는 파란 가을하늘 아래 불타는 형형색색의 나뭇잎은 현란하기만 하다. 늘 하듯 점심을 먹고 청사공원을 한 바퀴 거닌 다음 선사유적지에서 신호를 건너 4층 진료실로 올라온다. 한낮의 햇빛과 하늘과 바람을 맞으며 걷는 이 시간이 내게는 지상의 천국을 다녀온듯 경묘하다.

 1993년도 9월 10월 2개월간 스웨덴 출장을 갔던 추억이 떠오른다. 북구의 맑은 날씨와 유례없이 청명한 가을 하늘에 나는 넋을 잃었다. 카페에서 점심을 먹는데 통통한 참새가 아예 테이블 위까지 올라와서 겸상을 한다. 다운타운에 비둘기는 물론 참새가 사람과 가까이 살고 있다니! 드넓은 거리와 시티홀 코앞에 바닷물이 출렁대는 스톡홀름의 정취는 유유자적 그 자체였다.
 스톡홀름-베르겐 행 열차를 타고 긴 여행을 한 후 종착역인 베르겐에 내렸을 때 한자 동맹시대의 건축물이 남아 있는 베르겐의 역사 驛舍가 한가하다. 으례 터져 나오는 안내방송도 없고 행인도 눈에 띄지 않는다. 심지어는 전광판이 없고 열차시간은 플랫폼에 작은 글씨로 적어 세워둔 게시판이 전부였다. 베르겐이 북구에서 오는 열차의 종착점이니 더 갈 데가 없고 회항하는 열차 시각만 알려주면 끝이겠다. 베르겐-오슬로-스톡홀름행만 하루 몇 번 왕복하는 단선일 테니 번잡한 환승 등과는 거리가 멀겠다. 사람이 바글바글대고 아우성치고 밀치고 클랙슨 소리를 비롯해 비명을 지르고 혼 빠지게 허둥지둥대던 사람이 스톡홀름의 감라스탄(구도시)에 서니, 일종의 탈혼脫魂 상태가 되어버렸다. 광막한 개인 공간(personal space)에 쉽사리 적응되지 않았던 것이리라.

스웨덴 방문 첫날 바로 방을 마련해주신 리드베리 교수님(Prof. Lidbery)은 의과대학생 시절 런던의 모즐리 병원 유학을 했었다고 강조하신다. 리드베리 교수님과의 인연이 모즐리와도 이어지다니…. 무척 반가워하시면서 온갖 친절을 베푸셨다. 솔렌투나 김현덕 선생님 댁에서 기거한다니 잘했다는 표정이다. 김현덕 선생님 부군이 리드베리 교수님의 해부학 스승이었다는 것도 알려 주셨다.

솔렌투나에 위치한 노란 목조 주택은 앞으로 넓은 호수가 자리 잡고 있었다. 나는 즐겨 호숫가를 거닐었는데, 노란 단풍과 관목 속에 웃고 있는 젊은 날의 얼굴이 앨범에 남아 있다. 스톡홀름의 풍물을 어찌 다 열거하랴? 나의 이 모든 스톡홀름 열기(Stockholm Fever)를 능가하는 뜻밖의 선물이 있었으니 다름 아닌 성녀 비르짓타 탄생지인 바드스테나[12]를 방문한 행운이다.

　그 때만 해도 라오데시안(Laodicean)[13]으로 자처한 나는 정신의학에 몰두하여 정신 질환자와 그 분들의 사회복귀를 위해 전력투구를 하였다. 스칸디나비아에서 하루하루는 런던 시절하고 또 다르게 치열하였다. 두 나라 정신병동의 구조 및 치료전략을 나름 관찰하면서 우리나라에 필요한 제도나 의료기기 구매를 염두에 두고 일하느라 하루 24시간이 모자랐다. 연구실에서 일하다 보면 밤 11시가 넘는데 그때쯤 과를 한 바퀴 돌아보고 퇴근하시는 리드베리 교수님이 노크를 하고 참고 자료를 한 아름 갖다 주시곤 하셨다.

　어느 날 아침 리드베리 교수님이 바드스테나에 컨퍼런스가 있는데 가겠느냐고 하여 얼씨구나 좋다고 승낙. 한 군데라도 더 시찰하고 가

---

12 바드스테나 : 스카라보리 주와 외스테르예틀란드 주 사이에 있는 베네른 호 남동쪽에 있으며, 유서 깊은 스몰란드 지방 북쪽에 있다. 길이가 130㎞이고 너비가 30㎞ 정도이며 면적이 1,912㎢인 베테른은 베네른의 1/3 정도 크기에 불과하지만 스웨덴에서 두 번째로 큰 호수이다. 최대 수심이 130m이고 수면의 해발 높이는 88m이다. 위험한 조류로 유명한 이 호수는 동쪽으로 흘러 모탈라스트룀 시를 지나 발트 해로 유입된다.
동쪽과 서쪽 호안에 낭떠러지들이 솟아 있다. 부두는 거의 없으며 비싱쇠(23㎢)가 몇 안 되는 섬 중의 하나이다. 1832년 예타 운하가 개통됨으로써 호수 주변 지역이 발전하기 시작했는데, 이 운하는 호수를 이용해 북동쪽 호안에 있는 모탈라에서 스톡홀름까지 이어진다. 남쪽 끝에 있는 이원최핑이 호수 인접마을 중 가장 크다.
모탈라 남쪽의 동부 호안에 접해 있는 바드스테나에서는 관광업이 주 산업이다. 바드스테나에는 산크트브리드예트 수녀원(1383경), 푸른빛을 띤 회색 화강암으로 지어서 푸른 교회로 알려지기도 한 수녀원 교회(1395~1424), 구스타프 1세 바사 왕의 16세기 성곽 등이 있다. 서쪽 호안에 있는 요 호는 18세기말에 온천으로 개발되었으며, 지금도 호반 휴양지로 번창하고 있다.

13 Laodicean : 종교나 정치에 무관심한 사람

솔렌투나의 호수가에서

는 게 나의 목표인지라 날아갈 듯 기뻤다. 웁살라 대학(Upsala) 시찰도 마치고 후딩에 병원(Huddinge Hospital) 컨퍼런스 룸에서 우리나라 감호병원의 실태를 소개하고 마침 KBS에 출연했던 '충청 동서남북' 비디오를 보여주는 것으로 출장의 소임을 마친 후라 홀가분하였다. 리드베리 교수와 동행한 동료는 사진도 함께 찍었는데, 유감스럽게도 이름이 떠오르지 않는다. 프로 축구팀 말뫼 경기를 밤늦게 자주 봤던 타라 말뫼 출신이란 것은 기억에 남아 있다.

아침 일찍 출발했는데 콩죽 같은 안개가 끼었다. 도중에 휴게소에 들러 커피 브렉 후 드디어 바드스테나에 도착했다. 스웨덴어로 컨퍼런스가 진행되니 나에게는 안내 직원을 딸려 바드스테나 정신과 병

후딩에 병원 리드베리 교수 연구실

원 시찰을 하라고 권유하셨다. 그 안내직원이 바로 막스였다. 임상 심리학자로 그 또한 모즐리서 연수를 받았다고 하며 인스티튜(Institute of Psychiatry) 동료들 소식을 주루룩 들려준다. 스톡홀름에 앉아서 런던에서 일어나는 일을 숟가락까지 꿰고 있다.

 스웨덴 복지야 다른 나라와 비교 불허의 우위를 점하는 나라라고는 알았지만 막상 가서 눈으로 보니 부러운 게 한두 가지가 아니다. 환자가 독방을 쓰고 각자 휴대폰을 소지하고 면회실도 응접실처럼 꾸며 놓고 care room도 과학적인 구조와 장치로 안전을 최우선에 둔 시설이다. 난폭한 환자가 발생하면 뒤에서 양 어깨에 깍지를 끼고 문을 밀고 들어와 중앙의 침대에 눕히고 벨트를 채우면 끝난다. 환자가 저항을 하더라도 안전벨트가 조이게 되므로 일정 각도 이상으로

정신의학연구소(런던), 1983

일어날 수 없고 좌우로 몸부림쳐도 홀 중앙에 침대가 위치해 있으니 벽에 부딪칠 염려가 없다.

이윽고 병원을 다 돌아보고 칸틴으로 점심을 먹으러 가자고 한다. 막스가 카운터에 가서 나를 소개하니 한국서 온 손님이라고 점심값은 내지 말라고 한다. 따듯한 밥 한 끼를 손님에게 먹여 보내던 우리나라 풍습이나 한국인 나그네를 환영하여 점심 한 그릇 대접하는 스웨덴 사람이나 인정은 매일반이다.

리드베리 교수님이 오후에는 바드스테나는 돌아볼 곳이 많으니 자유롭게 투어를 하라고 권면하신다. 이제 진정한 이방인이 되어 바드스테나 거리를 활보하는데, 타임머신을 타고 중세로 돌아간 듯 고즈넉하기 이를 데 없다. 바다 같은 호수를 바라보니 내가 천국의 한가운데 서있는 듯 몽환적이다. 오래 있다가는 나도 모르게 자칫 호수로 빨려 들어갈 것 같아 발길을 돌려 노란 은행잎이 수북이 쌓인 창연한 성전으로 향했다. 비르지타 성인의 탄생지로서 유명한 순례지인지도 모르고 단지 오래된 정신병원이 있는 도시에서 컨퍼런스가 개최된다고만 알았는데 이곳이 가톨릭 비르지타 성인의 이적이 도처에 배어있는 바드스테나였던 것이다.

밤늦게 스톡홀름으로 돌아와서 성당을 구경했다고 하니 그곳이 자자한 가톨릭 순례지라고 이구동성으로 부러워들 한다. 아무것도 모르고 천진무구하게 비르지타 성녀의 탄생지를 다녀온 나는 그 무렵 일하는 데만 빠져 미사를 다닐 엄두도 못 냈다. 온통 정신의학에만 열광한 나는 외눈박이 물고기였다고 하겠다. 차녀 카타리나 성녀와 더불어 모녀가 성인의 반열에 오르신 비르지타 성인은 부군까지 신앙이 돈독한 분이었다니, 하느님이 성가정의 모범으로 스웨덴의 비르지타 가문을 지목한 것이 틀림없으렷다.

가을도 막바지에 이르러 가랑잎에 발이 푹푹 빠진다.

어언 삼십 년 가까운 세월이 지난 지금도 바드스테나의 병원과 호수와 성전 앞에 가득 쌓인 노란 은행잎이 뇌리에 박혀 있다. 가을 한철 북구에서 활개치던 젊은 날을 회억하는 나의 머리카락이 저물어가는 가을빛에 은색으로 날린다. 그 후로 다시 스웨덴 땅을 밟지 못하고 있다. 안 온다고 성화를 하던 교민분들도 한 분 두 분 작고하셨다. 나의 추억 속에 활활 타는 스톡홀름 거리와 북구의 풍광은 이리

성 비르지타 탄생지 바드스테나에서, 뒤로 성당이 보인다.

도 절절하건만!

덧붙여 바드스테나와 비르지타[14] 성인의 생애를 소개하는 것은 단기 체류였지만 친절했던 스웨덴 동료들과 김현덕 선생님(정신과 의사, 정신 분석가)을 비롯한 교민들에 대한 헌사의 일환이다. 그리고 나의 성녀 비르지타에 대한 무한한 경외심의 발로로 받아준다면 도룡동 로사 하우스는 더없이 행복한 만추의 저녁이 되리라.

---

14 브리타(Brita), 브리트(Brit), 리타(Riitta), 비르테(Birte), 비르지테(Birgitte), 프리타(Piritta), 베리트(Berit), 지타(Gita), 지테(Gitte), 지탄(Gittan), 피르코(Pirkko)
'지위가 높은 사람'을 뜻하는 아일랜드 이름 브리지드(Brighid)가 영어권에서는 브리지트(Bridget), 라틴어로는 브리지타(Brigitta), 스칸디나비아 지역에서는 비르지타로 불렸다.

〈참고〉

　성 비르지타는 스웨덴의 핀스타(Finsta)에서 총독인 아버지와 그의 둘째 부인 사이에서 태어났는데 부모는 신앙이 깊었다.

　비르지타는 어릴 적부터 신심이 깊었는데 환시를 여러 번 체험했다.

　10세 때 성모께서 발현하시어 그녀의 머리 위에 뒷날의 사명의 표지標識가 된 찬란한 관을 씌워주셨다.

　11세 때 예수 수난에 대한 강론을 듣고 깊이 감동해 밤새도록 생각에 잠겨 있던 중, 눈부신 광채와 함께 십자가에 못 박혀 피투성이가 되신 예수께서 나타나셨다. 비르지타가 "예수님! 당신을 이토록 만든 자는 누구입니까?" 하고 묻자 "나를 경멸하는 사람, 내 사랑을 잊는 사람"이라고 대답하셨다. 그때부터 비르지타는 주로 예수 수난에 대해 묵상했다.

　12살 되던 해 신앙심이 깊었던 어머니가 사망하자, 언니와 같이 큰어머니 댁인 아스펜나스로 보내졌는데 큰어머니는 비르지타와 하느님과의 밀접한 관계를 눈치채고 더욱 유의하여 교육했다. 아버지 비르겔이 비르지타의 배우자를 물색하던 중 영적으로 그녀와 꼭 맞는 배필을 만나 14세에 결혼했다. 훗날 네레시아 지방의 총독이 되는 18세의 귀족 울프 구드마르손(Ulf Gudmarsson)은 아내를 깊이 존경하고 그 성덕을 본받으려 노력했고 같이 프란치스코 제3회원으로 서로 격려하는 결혼 생활을 했다.

　남편 울프는 백성들을 위해 일하며 선정을 베풀었다. 그들은 상류사회의 일원이었지만 개인적으로는 청빈한 생활을 했으며 교회를 위한 일, 빈민 구제를 위한 일에 열중했다.

　비르지타는 특히 성인전이나 교부들의 서적을 탐독하는 것을 무척 좋아했는데 청빈 생활 중에도 책을 구입하는 데는 망설임이 없었다.

훗날 수도회의 회칙을 정하면서도 수입은 모두 가난한 사람을 위해 써야 한다는 엄격한 규칙을 세웠지만 책은 누구나 원하는 대로 가질 수 있도록 예외 규정을 두었을 정도였다.

비르지타는 28년 동안 행복한 결혼 생활을 하면서 여덟 명의 자녀를 두었다. 그중 한 명은 스웨덴의 성녀 가타리나(축일: 3월 24일)이지만 다른 자녀들은 불륜을 저지르는 등 올바른 생활을 하지 못했다. 특히 허영심이 많은 딸 마르타와 방탕하고 의지박약한 아들 가롤로는 항상 그녀의 걱정거리였다. 그러나 경건한 어머니의 눈물과 기도로 가롤로는 자신이 범한 죄를 진실히 통회하고 세상을 떠났다.

스웨덴 국왕 마뉴스2세는 왕비 블랑슈의 으뜸 시녀로 비르지타를 임명해 내실 전체를 맡겼다. 비르지타는 사양했으나 결국 승낙했고 궁중의 모든 일을 현명하게 사랑으로 처리했는데 비단옷 속에도 거친 옷을 입고 화려한 궁중 생활 중에도 엄격한 재를 지키며 깊은 신앙을 유지하기 위해 노력하는 것을 알고는 국왕 내외를 제외한 궁중의 많은 사람들이 더욱 그녀를 존경했다.

비르지타의 큰딸이 이혼하고, 막내아들이 죽게 되자 그녀는 노르웨이의 성 올리프 경당으로 순례여행을 하였다. 그리고 돌아오는 길에 궁중을 떠나기로 결심하고 남편과 함께 다시 꼼포스텔라(스페인 야고보 사도 무덤)로 순례길에 올랐다.

교통수단이 좋지 않던 그 시대에 비르지타는 로마, 나폴리, 예루살렘까지 순례한다. 이 과정을 통해 세상과 교회의 현실을 알게 되었고 그 상황에서 말씀하시고자 하는 주님의 뜻을 계시로 받아 전했다. 당시 교황은 로마가 아닌 프랑스의 아비뇽에 머물렀고 이로 인해 분열을 겪고 있는 교회의 모습을 유감스럽게 생각한 비르지타는 하느님의 계시를 받고 자신의 환시 내용을 교황에게 밝히며, 로마로 귀환할 것을 청했다. 훗날 시에나의 성녀 가타리나도 같은 청을 하게 되고 마침내 교황은 로마로 귀환하게 된다.

순례중 병을 얻은 남편 울프는 완쾌 후 비르지타의 동의를 얻어 프란치스코 회에 들어가 평수사로 생활하다가 훌륭하게 일생을 마쳤다.

남편이 죽자 비르지타는 알바스트라의 씨토수도원에서 원장의 승낙을 얻어 수녀원 부속 건물에서 극도로 엄격한 생활을 하면서 말년을 지냈다.

재산을 정리하여 자녀들에게 분배하고 자신의 몫으로 계시에 따라 1344년 바드스테나에 수도원을 세웠는데 이것이 성삼회(비르지타회)의 시작이었다. 이 수도원은 마뉴스 왕이 물자를 원조했고, 교황 그레고리오 11세가 인가했다.

비르지타는 로마로 건너가 17년 동안 빈민구제에 열정을 쏟고 덕행의 모범을 보여주었으며, 교회와 정치 사이의 심각했던 문제에 대해서도 기탄없이 충고했고, 로마 주변의 수도원들도 개혁했다.

1373년 7월 23일 비르지타는 그녀의 병실에서 노자 성체를 영하고 미사에 참여해 "주님! 제 영혼을 당신 손에 맡깁니다." 하고는 숨을 거두었다.

그녀의 유해는 글라라 수녀회의 성당에 매장되었다가, 1년 후 스웨덴의 바드스테나 수도원 성당에 안치되었다. 이후 그녀의 유해에서 수많은 기적이 일어났고 사후 18년만인 1391년 시성되었다.

리마 청년-나의 잊을 수 없는 외국인

생방송에 출연하는 경우 방송작가가 질문할 순서와 답변을 각본을 짠 다음 출연자와 입을 맞춘 후 실제 방송시간에 맞춰 방송실로 나간다. 출연자가 중언부언重言復言하면 시청자뿐 아니라 보도담당하시는 분들의 낭패狼狽가 되겠다. '카메라가 몇 개 돌아가지만 빨간 불이 켜진 카메라를 응시해야만 시청자들과 눈을 맞추게 된다'는 말을 염두에 두고 방송실로 들어갔다. 『구름 뒤 태양이』 출판 후 KBS에서 섭외涉外가 와서 P 아나운서와 대담을 하는 프로였다. 각본대로 진행되어 이제 끝나는구나 안도의 한숨을 내쉴 찰라 마지막 대목에 와서 돌연 각본에 없는 질문을 웃으며 한다. "선생님은 그동안 여러 나라를 많이 다니셨는데, 가장 잊을 수 없는 기억에 남는 일을 들려달라"고 하여 순간 당황했으나 마음 바닥에 숨어 있던 페루 청년이 나도 모르게 불쑥 떠올랐다. 리마 공항의 기념품 보따리와 순박한 메조티소 청년의 이야기를 소개한 후 "이 청년의 누累를 입은 이후 약속이나 계약에 대해 보다 관대해지고 타인의 실수를 두고 지청구하지 않게 되었다"고 힘주어 답변을 했다. P 아나운서도 얼른 내 말을 받아서 추임새를 넣어주시고 생방송은 무사히 마쳤다.

1991년 5월 밤늦게 페루공항에 내리니 국제공항이긴 하나 자동화가 되어있지 않아 여행 가방을 직접 인부들이 하나씩 나르고 있었다. 리마라는 고색창연古色蒼然한 수도가 이렇게 소박하였다. 콘베이어 벨트가 아직 시작되지 않은 게 무슨 큰 변인가 속으로 리마를 두둔하며 1층으로 내려가니 기념품 숍이 있고 식당도 구색具色을 갖추었다. 밤늦게 세라톤에 짐을 풀고 마추피추를 여행한 후 마지막 날 런던의 모즐리 동문(Maudsley Graduate)이자 정신의학연구소(Institute of Psychiatry) 유학생이었던 호세 가족을 방문하기로 작정했다. 호세가 적어준 명함의 세르반테스 7번지 주소가 전부였다. 그 주소에 계속 사는지도 모를 일이지만 리마에 사는 옛 동료를 찾아 볼 요량이었다.

　잉카 유적이 얼마나 찬란했던가를 기념품 가게를 돌면서 내심 찬탄하였다. 눈이 돌아갈 정도로 진귀한 선물들이 즐비櫛比했다. 내가 태양신 마스크부터 휘황한 거울 등 선반 높이 진열되어 있는 갖가지 기념품들을 내려 달라고 청하면 전혀 싫은 내색 없이 청년은 일일이 먼지를 털어 보여 주었다. 인류 역사상 최초의 신경외과 수술 기구였던 숟가락 모양의 기념품을 한보따리 사서 호기롭게 청년에게 맡겼다. 마이애미 행 아메리칸 에어 라인이 11시 출발이니 늦어도 9시 전 아니 8시반에는 물건을 찾아 가겠다고 큰소리로 약속하고 유유히 세르반테스 7번지를 찾아 나섰다. 스페인어를 못 하지만 영어로 우격다짐을 하듯 택시를 잡아타고 몇 바퀴 돌고 돌아 세르반테스 7번지에 닿았다.(호세 가족과의 극적인 해후의 기쁨은 졸저拙著『구름 뒤 태양이』에 소상히 나와 있다.)

극적인 짧은 해후도 잠시 시간을 다투어 호세 가족이 공항까지 픽업을 하였으나 이미 11시 비행기는 놓치고 요행히 새벽 1시 에어 페루로 교환하였다. 숨이 턱이 닿게 수속을 밟고 드디어 리마 공항을 벗어나려는 찰나 공항세 납부를 위해 마지막으로 줄을 서서 기다리고 있는 내 어깨 뒤로 공항 숍 선물가게의 청년이 선물 보따리를 넘겨준다. 나는 고맙다는 말도 변변히 못하고 그대로 탑승구로 향하는데, 혹여나 하여 호세는 마지막까지 나의 탑승을 유리문 너머로 끝까지 바라보고 있다. 다 잘 되었다고 손을 흔들고 비행기에 오르자마자 에어 페루는 활주로를 이륙하였다.

이후 나의 젊은 날은 재빨리 사라졌다.
마추피추 여행의 흥분도 가라앉고 이 청년 덕에 들고 온 잉카선물도 동이 났다. 그러나 어쩌다 청년 얼굴이 떠오르면 자갈밭 같은 내 마음이 옥토로 변하는 것이다. 치사致詞도 못하고 탑승해야 했던 급박한 시간이 원수 같기만 한 것이다. 이미 지불을 했고 약속을 지키지 못한 것은 전적으로 나의 불찰不察이니 이 청년은 초저녁부터 새벽까지 눈이 빠지게 기다릴 이유가 없었다. 안 오면 그만 아닌가? 두었다가 다른 사람에게 팔아도 아무도 모른다. 한국인 여행객이 빈손으로 리마를 떠나지 않게 선물 보따리를 그예 전달해 준 청년의 청렴은 가히 시적(poetic)이지 않은가! 내가 물건을 찾으러 리마 공항에 들를 일은 만무할 테고, 실제로 남미 대륙을 두어 차례 더 여행은 했으나 다시 리마 땅을 밟지 못했다. 이 청년의 얼굴은 지금도 어렴풋이 떠오르는데 메스티소(mestizo, 원주민과 스페인 혼혈) 인상으로 가무잡잡한 얼굴이었다. 수줍게 웃던 양 같은 청년이 분방奔放한 한국인 여행객을 만나 생고생을 한 날이라고 할까. 내가 점원이었다면 이것저것 다 보여달라고 하는 손님에게 청년처럼 그리 상냥했을까? 아마 입이 부어도 몹시 부어 금방 손님이 거북한 눈치를 채고 슬그머니 자리를 떴으리라.

마르티노 성인(St Martine)[15]이 아미엥(Amiens)시에서 초라한 행색行色

---

15 마르티노는 로마 군인으로서 갈리아에서 복무 생활을 하던 중에 어떤 환시를 체험하게 되었는데, 이 사건은 훗날 세간에서 그를 언급할 때 가장 많이 이야깃거리가 되고 있다. 하루는 마르티노가 아미앵 시 성문에 이르렀을 때, 초라한 옷차림을 한 걸인 한 사람을 만났다. 이를 본 그는 측은한 마음이 들어 그 남자에게 자신의 외투 절반을 잘라 주었다. 그날 밤, 마르티노는 꿈 속에서 자신이 걸인에게 준 외투를 걸친 예수를 만났다. 그는 예수가 천사들에게 "마르티노는 아직 예비 신자이지만 나에게 이 옷을 입혀주었다."라고 말하는 것을 들었다. 또 다른 이야기로는, 마르티노가 잠에서 깨어났을 때 잘라졌던 그의 외투가 완전히 새로 복구되어 있는 것을 보게 되었다고 한다. 어쨌든 이러한 일화는 마르티노가 자신의 신앙심을 다시 한 번 확인하게 되는 계기가 되었으며, 18세에 세례를 받게 된다.
성 마르티노의 외투는 유명한 성유물 가운데 하나로서 투르 인근에 있는 마르무티에 수도원에 있는 프랑크 왕국의 메로빙거 왕조 군주들의 기도실에 보관되었다. 중세 때 '성 마르티노의 기적의 망토'(cappa Sancti Martini)라고 알려진 이 성유물은 심지어 프랑스 국왕이 전투에 나갈 때 직접 들고 갔으며, 서약을 맹세할 때도 사용했다. 이 외투는 679년 왕실 보물창고 중에 있던 것을 발견했으며, 798년 또는 799년 카롤루스 대제에 의해 생드니 대성당의 수사들에게 양도한 뤼자르슈 궁전에 옮겨졌다.
성유물함에 든 성 마르티노의 외투를 관리하는 사제를 카펠라누(cappellanu)라고 불렀으며, 이후 군대에 복무한 모든 사제를 가리켜 카펠라니(cappellani)라고 불렀다. 이를 프랑스어로 샤프롱(chapelains)이라고 번역되는데, 이 단어에서 군종 사제를 칭하는 영어 단어 챠플린(chaplain)이 유래하였다. 이와 비슷하게 성유물을 보관하기 위한 조그마한 임시 성당을 가리키는 용어에도 언어학적 발달이 발생했다. 사람들은 이러한 성당을 작은 외투를 의미하는 단어 카펠라(capella)라고 불렀다. 그리하여 최종적으로는 외투와의 연관성

엘 그레코 作 「성 마르티노의 외투와 거지」

의 걸인에게 외투를 반으로 잘라 입혀 주었는데, 그날 밤 예수님이 걸인에게 준 외투를 입고 마르티노에게 나타나므로 이후 마르티노는 크게 각성하여 세례를 받고 주교좌에 올랐다고 하는데, 이 청년이 변장한 예수님이 아닐까 하는 갈피 없는 생각도 한다. 이익이 되지 않으면 손톱만큼도 움직이지 않는 이 자본주의 물질만능의 속세俗世에서 이렇듯 순연純然한 청년을 조우遭遇한 것이 기적의 발현 같다. 예수님은 헐벗고 아픈 이웃 사람으로 변장하여 우리에게 출몰出沒하시므로서, "가장 보잘 것 없고 가엾은 사람에게 해준 대우가 나를 위해 해준 대우"라고 역설적으로 깨우침을 주신다. 집에도 못 가고 기다렸다가, 두 번 다시 볼 일 없는 한국인 여행객의 선물 자루를 그예 손에 쥐어 내보내는 이 페루 청년의 심지야말로 반半 성인의 그것이 아닐까? 이후 나는 영세를 하고 본명을 남미의 수호성인 로사 성인(St. Rosa)을 본으로

을 잃고 어떤 공동체나 그곳에 모이는 일부 특정 신자 집단의 편익을 위해 마련된 하느님 경배의 장소를 일컫는 경당을 가리키는 영어 단어 채플(chapel)이 여기에서 유래하게 되었다. 경당의 예로는 공소나 학교, 병원 등에 부속된 성당, 특수 공동체를 위해 설립된 경배 장소를 들 수 있다.

삼았다. 통나무집의 은수자로 유명한 로사 성녀처럼 집까지 통나무집을 짓고 살고 있다.

  지금도 나는 리마 뉴스는 귀를 쫑긋하며 듣는다. 답례라도 했더라면 이렇듯 마음에 걸리지 않았겠다. 사막에 불시착한 생텍쥐페리를 구조해서 실존적 행동 작가가 태어나게 한 베두인 같다고 할까. 이 청년처럼 나도 누군가의 언 손을 따뜻하게 녹여주는 사람으로 살고자 기도한다. 그 수고가 미미하여 먼지에 불과할지라도 나의 마음속 희원希願은 꺼지지 않고 타오른다.

  부연敷衍컨대 유럽의 고명한 신경의학자들의 영향을 왜 깊게 받지 않았으리오만 정작 내 마음의 밭을 갈아엎은 사람은 이 메스티소 청년이 무언의 눈빛으로 갖다준 보따리라고 믿는다. P 아나운서의 마지막 질문에 그 청년과의 해프닝을 밝히며 이후 나는 타인에게 보다 관대하고 자신에게 엄격한 화이부동和而不同의 경구를 마음에 새기고 있다고 천명闡明하였다. 아하! 지금쯤 이 청년도 반 백의 나이가 들지 않았을까? 어쩌면 예루살렘 성지의 눈물교회[16] 프란치스코 수도회의 수사가 되어 순례객巡禮客들이 놓고 간 보따리를 찾아 주느라 목이 길어지지 않았을까?

---

16 눈물교회(Dominus Flevit Church)는 올리브산에 위치한 로마가톨릭 교회이다. 감람산에서 겟세마네로 내려오는 중간지점에 있는 눈물방울 형태를 지닌 교회로서 6세기경에 비잔틴 양식의 소성당 위에다 1955년에 건축한 프란치스코회 교회이다. 이 교회 중앙에서 똑바로 눈을 들면 예루살렘 전체를 한눈에 바라볼 수가 있다. 예수는 이곳에서 예루살렘을 바라보며 눈물을 흘리면서 그 붕괴를 예언하였다.

샛별 순교자
– 성거산 야생화 축제에 부쳐

아득히 성거산聖居山을 바라보며 자란 내가 실제로 성거산을 찾은 것은 이번이 처음이다. 이름 그대로 성인이 거처하시는 성거산을 다른 어느 곳보다 먼저 찾아와 엎드려 경배했어야 마땅한 도리였거늘….

순교자를 기리는 성거산 야생화 축제에서 무명이란 말이 거슬린다. 라틴(Latin)이 사어가 된 것이 자연스럽듯 이 무명 순교자란 말도 사라져야 될 말이다. 심심산골에서 끈질기게 피어 군락을 이루는 저 야생화들에게 이름이 큰 의미가 없듯이, 무명 순교자란 명칭도 이 분들의 숭고한 죽음을 담기에는 무엄한 짓거리라고 할까 크나큰 결례이다. 인간들이 제멋대로 붙이고 떼는 등 이들 인류란 종이 벌이는 일들이란 무망하다고 하나 속절없기 그지없다. 여기 유장하게 누워 성거산을 움직일 만한 기도와, 처형의 칼날도 한낱 얇은 종잇장 정도로 가벼이 여겨 순교하신 혼령들에게 더 듣기 좋은 명칭을 지금이라도 불러드리는 데 주저할 이유가 없겠다.

위례성(직산)을 마주보며 성거산에 엎드려 오로지 하느님께 순명한

이 분들의 삶에 대고 고작 무명이란 호칭을 들이대다니…. 그래도 이 번잡한 세상에서 이 분들의 넋을 기리고 축제를 통해 일종의 제사를 지내는 정지풍 아킬레오 신부님 같은 참사제의 열정은 그 암흑의 시대에 선교의 샛별이 되어 순교한 이 분들의 화신으로 보인다.

보이지 않는 곳에 숨어 수줍게 피어 있는 야생화야말로 그 어떤 화려한 꽃보다도 나의 영혼을 울리는 더 아름다운 선율이다. 성거산에 유독 야생화가 만발한 것은 순교자들의 넋이 야생화로 둔갑하여 이리 창창한 아름다움을 발하는 것 같다.

야생화의 아름다움과 끈질긴 생명력은 순교자들의 넋이 결코 헛되지 않음을 보여주는 신앙의 표상으로, 질곡의 나날 속에서도 웃음을 잃지 않았던 해학이 배어 있다. '홀아비 꽃대'가 그 좋은 예이다. 이름 그대로 줄기 끝에 촛대처럼 덩그마니 달린 흰 꽃이 처량한 홀아비를 닮았다.

홀아비꽃대(출처:국립낙동강생물자원관)

오후에 기념식이 시작되니 내빈들이 속속 들어온다. 행사에는 고을 유지들과 높은 자리를 차지하는 분들이 얼마나 참석하여 자리를 빛내주었는가가 행사의 성공적 개최와 성과의 시금석이 되나보다. 축제의 절정인 테이프 커팅을 하러 앞으로 나간 활달한 수녀님을 비롯한 여성 대표자 세 분은 높으신 남자 분들이 가운데에 딱 버티고 서 있으니 맨 가장자리서 겨우 커팅을 한다. 양옆의 여성 스태프들에게 우산을 씌워주느라 양복이 반은 젖은 채 백악관 오벌 오피스로 들어가던 오바마 대통령 사진이 순간 스친다.

가끔 단체 사진을 찍는 경우 꼭 가운데로 비집고 들어가 버티고 찍어야 직성이 풀리는 사람들을 만난다. 의전을 맡은 직원이 이런 염치없는 사람들로 민망하여 속을 끓이는 일이 왕왕 있다. 높은 직함을 가진 분들이 반드시 가운데서 찍어야 되나? 그렇지 않으면 동티가 나나? 일종의 기념과 축제인데, 사진에까지도 우리나라 사람 특히 남자 어른들의 목숨과 같은 서열의식이 드러난다. 어떤 직함의 위력은 그 자리에서 실제로 얼마나 단체의 목적에 맞게 수혜자들의 삶에 긍정적 영향력을 끼쳤는가가 관건이지 여타의 겉치레와 체면이 무슨 큰 영광인지… 보좌관들과 함께 비를 맞는 오바마 대통령의 소탈한 행색이 그의 치적에 아무 덧도 나지 않을 뿐더러 더욱더 치솟는 인간적 매력으로 어딜 가나 발하는 별 같은 숭배를 받지 않던가.

나의 어린 날의 행복한 동산이었던 본가가 있는 아산의 용와산龍臥山을 향하여 나직이 그리운 나의 입맞춤을 전한다. 부모님께 성묘도 거르고 있는 무심함을 백배사죄 드리며, 대신 신앙의 횃불이 되었던 분들께 제례를 드리고 왔으니 지하의 부모님도 오늘밤 미욱한 나를 기특히 여기시리라.

워즈워드 찬가

나는 뒤섞인 천개의 가락을 들었다
작은 숲에서 나무에 등을 대고 앉아
즐거운 상념들이 슬픈 상념들을 불러오는
그 달콤한 기분에 젖어 있는 동안.

제 아름다운 작품들에 자연은
내 몸 속을 흐르는 인간 영혼을 이었다.
그런데 인간이 인간을 어떤 꼴로 만들어 놓았나 생각하니
가슴이 무척 아팠다.

그 우거진 나무 그늘 속 앵초 덤불 사이로
페리윙클이 화관을 길게 늘어뜨렸다.
그걸 보니 꽃은 저마다 숨 쉬는 대기를
한껏 즐긴다고 믿게 된다.

새들이 내 곁에서 뛰어 놀았는데,
그들의 생각이야 헤아릴 길 없다
하지만 그들의 사소한 동작조차
짜릿한 즐거움인 듯했다.

산들바람을 붙잡으려고
막 돋아난 나뭇가지들이 부챗살을 펼쳤다.
아무리 생각해 봐도
거기 즐거움이 있는 게 틀림없다.
이런 믿음이 하늘에서 온 거라면,
그게 자연의 성스러운 계획이라면,
인간이 인간을 어떤 꼴로 만들어 놓았는지
어찌 내가 한탄하지 않을 수 있겠는가?
― 워즈워드, 「초봄에 지은 시」

  다롱이 밥을 주고 산새 모이로 묵은 쌀을 뿌려 놓으면 어디서 알고 날아오는지 한바탕 새들의 합창이 뜨락에 울려 퍼진다. 산비둘기는 달아나지도 않고 다롱이 펜스 앞까지 갔다가 우리 집 뜰을 한 바퀴 둘러보고 떠난다.

  지난 가을에 심었던 수선화가 드디어 노랗게 피었다. 목련 봉오리가 수줍게 벌어지고 꽃샘추위가 한바탕 휘젓고 떠난 후 초봄의 정원은 하루가 다르게 눈부시다.

  대자연의 예찬자인 시인은 그러나 마냥 경건하고 행복하기만 한 것은 아니다. 인간이 인간을 어떤 꼴로 만들어 놓았는지 시인은 노골적으로 한탄한다. 작은 숲에서 나무에 등을 대고 앉아 뒤섞인 천개의 가락을 듣는 시인의 영혼이 대자연과 이어지는 속삭임이 독자의 가슴을 울린다.

하나하나 한가로이 지나가는 한 떼의 양.
빗소리, 중얼거리는 벌 소리,
떨어지는 강물, 바람과 바다, 평탄한 들,
희게 펼쳐진 수면, 맑은 하늘,
내 이 모든 것 하나하나 차분히 생각해 보아도
잠 못 이루고 누워 있을 때 과수원에서
처음 지저귀는 작은 새들의 노랫소리를 들어야 했다.
간밤에 또 그 앞선 두 밤처럼,
잠이여, 나 그처럼 누워 은밀히 애써도
나 너를 얻지 못하였노라.
그러니 이 밤을 다시 새우게 하지 말아다오.
너 없으면 아침의 그 모든 풍성한 기쁨을 무엇하리.
오라, 날과 날 사이의 다행한 장벽이여,
신선한 생각과 즐거운 건강의 고마운 원천이여.

- 워즈워드, 「잠에게」

  과수원에서 처음 지저귀는 새 소리를 들을 때까지 잠 못 이뤘다면 심각한 불면증일진저! 허나 독자에게 워즈워드의 「잠에게」 송가는 불평 가득한 볼멘소리가 아니라 낭랑朗朗한 나이팅게일의 노래로 들려온다. 이렇게 되면 불면증은 더 이상 병리가 아니라 계관시인의 명성에 걸맞은 충만한 성숙의 시간이라고 보아야겠다. 미움과 증오 원한과 불만과 시기심으로 뒤엉켜 잠을 못 자는 사람들의 그것과 현저히 차원이 다른 것이다. 그렇지 않은가! "한가로이 지나가는 양 떼, 빗소리, 벌 소리"에 마음을 빼앗겨 이토록 잠을 못 자는 분의 영혼에는 오히려 성자의 현현에 버금가는 숭앙의 예우를 바치렷다.

　나는 정신의학적 분류 불면증의 타잎(type of insomnia) 등을 더는 거론하고 싶지 않다. 이제 병리만을 바라보느라 온 시간을 다 바쳐 골몰하지 않으련다. 보다도 건강하게 동트는 새벽을 형형한 눈으로 맞이하는 시인의 고결한 영혼에 더욱 갈채를 보내련다. 이런 경지가 어디 하루아침에 다다랐으리요? 부단한 자기성찰을 통한 머리칼을 뽑아내는 듯한 오랜 진통의 보답일진저! 아침의 풍성한 기쁨을 누리고자 잠에게 애원하는 시인의 기구祈求는 신성하다.

　"날과 날 사이의 다행한 장벽"으로서 또한 "신선한 생각과 즐거운 건강의 고마운 원천"이라고 찬가를 부르는 시인은 고통까지도 이렇듯 보석처럼 빛나는 시어로 우리에게 선물한다. 어려운 말 하나 섞지 않고 우리 곁의 대자연의 식구들을 그리는 시심은 꺼지지 않고 밤새도록 불타오른다. 어쩌다 내게도 젊은 시인들이 발간한 시집을 보내온다. 가상嘉尙하다. 임상의로서 압사할 지경의 격무에도 주옥같은 시어를 천착穿鑿하는 그 재주가 비범하다. 한 가지 바람이 있다면, 쉽게 써주면 얼마나 편할까 하는 아쉬움이 남는데, 워즈워드는 나의 아쉬움을 일갈一喝에 날려 보낸다.

　눈뜨자마자 커튼을 걷으면 우성이산과 목련나무 밑 토토와 다롱이가 고물고물 뛰놀고 있다. 맨 얼굴로 병원으로 뛰어 나온 이 아침이 유독 이렇듯 활기찬 것은 순전히 워즈워드의 이 「잠에게」의 송가에 누累를 입은 바이려니….

내 영혼은 멋진 파종기를 맞았고, 나는
아름다움과 경외감의 보살핌을 똑같이 받으며 자랐네.[17]
고향에서 무척 사랑받았고, 머지않아
옮겨 심어진 그 사랑스러운 골짜기에서도
그에 못지않게 사랑받았네[18] - 그곳에선
더 다양한 놀이를 맘껏 할 수 있었네. 열 번째 생일을
채 맞기도 전에, 산비탈 사이에서
서리와 서릿바람의 숨결이
가을의 마지막 크로커스의 목을 꺾어 놓았을 때,
나는 어깨에 덫 한 짐 짊어진 채
누른도요들이 매끄러운 녹색 잔디를 따라 달리는
탁 트인 언덕을 쏘다니는 걸 낙으로 삼았네. 한밤중까지
이 덫에서 저 덫으로 뛰어 다니며, 그 가슴 두근거리는
방문에 열중했네. - 그새 달과 별들은
머리 위에서 빛났네. 난 혼자였고,
그들 사이에 깃든 평온을 깨는 훼방꾼 같았네. 어쩌다가
이렇게 한밤중에 쏘다니다 보면
강한 욕망이 내 이성을 압도해
남이 애써 만든 덫에 걸린 새를

---

17 워즈워드는 여기에서 호수지방의 자연의 아름다움과 자연에서 느끼는 경외감을 남의 아이를 키우는 양모나 유모에 비유한다. 「송가-어린 시절을 회상하고 얻은 불멸성의 암시」 6연에서도 어린이는 대지의 양자로 그려진다.
18 1770년 4월 7일 호수지방의 코커머스('고향')에서 태어난 워즈워드는 1778년 3월 어머니의 사망으로 이듬해 5월 두 살 위인 형 리처드와 함께 고향에서 56킬로미터 떨어진 호수지방 남부의 혹스헤드로 보내졌다. '그 사랑스러운 골짜기'는 혹스헤드가 자리한 에스웨이트 골짜기를 가리킨다.

슬쩍할 때도 있었네. 이런 짓을 저질렀을 때
한적한 언덕 사이에서 나는 들었네
나를 쫓아오는 나직한 숨소리를, 눈치 챌 수 없게
움직이는 듯한 어떤 소리들을,
누른도요들이 밟고 가는 잔디만큼이나 조용한 발걸음을.
– 워즈워드 「내 영혼은 멋진 파종기를 맞았고」[19]

 집에 오자마자 책보를 집어 던지고 뒷동산에 올라가 뛰어 놀다가 이웃집 명근이와 의기투합하여 창길네 감자밭에 들어가 감자를 뽑았다. "그 가슴 두근거리는" 서리에 열중해 있는 찰라 잿말 밭에서 일하던 병호 엄마가 소리를 질러 우리는 겁에 질려 달아났다.

 몰래 집으로 뛰어와서 대청마루에서 자는 척하고 누워 있는데, 여물바가지에 악동들이 캐 놓은 감자를 들고 온 창길 할아버지가 중문에서 덜덜 떨며 말을 잇지 못하였다. 두 고랑이나 뽑아 놓았으니 일년 감자 농사를 망쳐 놓은 우리는 주먹만 한 감자 한 개만 나오면 그만둘 요량이었다. 멀리서도 누구 집 아이인지 훤히 아는 병호 엄마가 가는 길에 창길네 집에 들러 이 엉뚱한 서리를 귀띔해 주었으렷다. 워즈워드의 "남이 애써 만든 덫에 걸린 새를 슬쩍 할 때도 있었네"는 회심의 미소를 짓게 한다. 동서고금을 막론하고 악동의 발상은 어찌 그리 닮았는지!

---

19 『서곡』(1850), 1권, 301~325행

나날이 기적

　목요일 아침(2022 8. 11.) 정확하게 8시 15분에 정용재 재무과장한테서 전화가 왔다. K 원장님이 편찮으셔서 출근이 어려우니 진료를 대신 하실 수 없겠느냐며 모기만한 목소리로 의중을 타진한다. '나간다'고 짤막하게 대답하고 서둘러 준비하고 4층 병원으로 올라갔다. 응급상황은 응급으로 즉시 대처하는 게 급선무이다.
　지난 주 혹서酷暑에 경로당에서 어르신들이 점심을 준비하는 것이 송구스러워 외식을 하자고 제안했다. 8월 11일 11시반에 도룡동 성당 주차장에서 만나 진월당으로 점심 팥칼국수를 먹으러 가자고 동네 어르신들 일곱 분을 초대한 내가 불참하게 되었으니 면구스러웠으나, 모두들 걱정 말고 병원 일 차질 없이 잘 하라고 격려해 주신다.
　우리는 한 치 앞을 알지 못하고 울고불고 사랑하고 미워하는 사람들임에 틀림없다.
　인간인 우리가 계획을 하더라도 우리를 이끄시는 분은 하느님이시라는 구절이 맴돈다. 다음에 다시 초대를 하면 되지만, 의사들 일과가 치밀緻密하다는 것, 비울 수가 없는 자리라는 것 때문에 옆에서 이웃 어른들까지도 약속의 차질을 겪으신 것이다. 오늘 하루 대직

(locum)으로 그치지 않고 더 지속될 것 같은 예감이 들었는데, 아니나 다를까 12일 새벽 두통과 구토증상으로 성모병원 3층에 입원하셨다는 전갈이 와서 급기야 8월 12일까지 진료실을 지키고 있다.

  느닷없이 강행군을 하다 보니 불현듯 무탈하게 지나가는 하루하루가 실은 기적의 은총이라는 깨달음이 온다. 아무 걱정 없이 당연하다는 듯 눈뜨고 일어나 성무일도를 크게 틀고 샤워하고 부리나케 병원으로 뛰어 나가고 일요일 미사를 마친 후 정미 엄마 아버지와 점심을 먹고 아늑한 찻집에서 차를 마시고 환담을 나눴던 지난 시간은 얼마나 안락했던지! 우리가 흔히 떠올리듯 날개 달린 휘황찬란한 천사의 현현만이 기적은 아니다. 나의 기적의 정의는 일상의 기쁨이라고 할까, 하루하루 그 숱한 순간의 연속성이 기적이라고 굳게 믿고 있다. 일상의 리듬이 돌연 깨졌을 때의 그 혼란과 동요動搖를 겪을 때 우리는 비로소 어제 내가 누린 안온한 저녁이 곧바로 축복의 제전祭典이었음을 뒤늦게 식별한다.

  급할수록 돌아가라고, 일의 중압감이 클 때면 나는 의식적으로 시집 또는 명화로 읽는 성인전 해설을 갈급하게 다시 펼친다. 노년의 달관의 경지에 이르러 발표된 헤세의 『삶을 견디는 기쁨(Das Leben bestehen Krisis und Wandlung)』에서는 주옥같은 글이 옹달샘처럼 퐁퐁 솟아난다. 늘 조바심을 치고 쫓기는 탈옥수처럼 전전긍긍하는 나를 내가 훈계訓戒하고자 다음 글을 인용한다.

    현대사회를 살아가는 우리에게, 어려서부터 바쁘게 움직이고 늘 서

두르도록 교육받는 것이 성인이 된 지금까지 줄곧 나쁜 영향을 끼치는 것은 정말이지 안타까운 일이지만, 한편으로 어쩔 수 없는 일이기도 하다. 그런데 더 안타까운 일은 그렇게 조바심을 내는 것이 우리가 겨우 여가시간을 누리는 데에도 영향을 미친다는 사실이다. 그저 우리의 목표는 '가능한 한 많이, 가능한 한 빠르게'가 되었다. 그 결과 쾌락은 점점 더 많아졌지만 즐거움은 오히려 줄어들었다. 도시에서 벌어지는 축제에 참가하거나 놀이공원이라도 찾아간 사람은 뜨거운 열기에 몸은 달아오르고, 통증이 느껴질 정도로 뻑뻑해진 눈 때문에 얼굴을 찡그리게 되고, 온통 힘든 기억들만 머릿속에 간직하게 된다.(p.12-P13)

어느 해 가을날 하동회 못난이 오자매(존칭 생략:김숙자, 김명숙, 김혜순, 황영자, 심정임)가 대둔산장에서 하루를 묵은 후 아침에 케이블카를 타러 나왔다가 그 긴긴 줄과 빼곡한 인파에 질겁을 하고 행로를 수정하여 탑정저수지로 나왔었다. 오나가나 야시장처럼 번잡하고 야단법석대는 통에 휴식이 아니라 무진장한 인내와 수양을 요구하는 행락객 신세가 되었다. 도저히 그 줄에 끼어들 수가 없는 우리는 서둘러 대둔산을 빠져 나왔다. 우리나라 사람의 끈질긴 생활력과 무진장한 끈기는 자랑스러운 일이지만. 견디기 힘들면 잽싸게 손들고 떠나 줄을 줄여주는 것도 일종의 보시普施라 하겠다.

p.19 하단을 옮긴다.

한 뼘의 하늘, 초록의 나뭇가지로 뒤덮인 정원의 울타리, 튼튼한 말, 멋진 개, 삼삼오오 떼를 지어 가는 아이들, 아름답게 감아 올린 여인의 머리, 우리는 아름다운 그 모든 것들을 눈에 담을 수 있어야 한다. 자연에 눈을 뜬 사람은 거리를 걷는 도중에도 단 1분도 허비하지 않은 채 소중한 것들을 느낄 수 있다. 많은 것을 보지만 눈은 절대로 피곤해지지 않고 오히려 더 강해지고 맑아진다. 설령 내 흥미를 끌지 않거나 보기 흉하게 생긴 것들이라도 모든 사물들은 나름대로의 아름다움을 감추고 있다. 감추어진 아름다움을 보려는 마음이 그것을 볼 수 있게 만든다.

"감추어진 아름다움을 보려는 마음"을 되뇌며 많은 이가 피서를 떠난 막바지 더위에 땀 흘리며 일한 후 독서 전례典禮 준비와 거룩한 독서(Lexio Divina)를 틈틈이 하다 보니 벌써 여름 해가 떨어졌다. K 원장님은 CVA(Cerebrovascular Accident: 뇌졸중)은 아니라고 확진이 되었다는 전화가 와 안도의 한숨을 쉬었다.

오후 산책에서 돌아오는 길에 문구점에 들러 청록색 마우스 패드를 장만했다. 손때가 낀 마우스 패드를 새 것으로 갈았다. 진료실의 천사 꽃병에 하얀 리시안셔스(Lisianthus)를 꽂아 놓고 모든 아픈 사람들을 위한 화살기도를 한다. 동료가 13일 출근하면 심기일전하여 더욱 명징한 정신으로 초진환자를 돌보아 주실 것이다. 리시안셔스 꽃말은 '영원한 사랑'과 '감사하고 또 감사한다'는 뜻인데, 어려움 속에서도 풍성하게 피워 삶이 고단하더라도 범사에 감사할 것을 일깨워 준다. 청순한 리시안셔스 하늘하늘한 꽃잎이여!

유월이 오면

유월이 오면 나는, 건초더미 속에
내 사랑과 함께 앉아
산들바람 부는 하늘에 흰구름 얹어놓은
눈부신 궁전을 바라보련다

그녀는 노래를 부르고
나는 노래를 지어주고
아름다운 시를 온종일 부르리라
남몰래 내 사랑과 건초더미 속에 누워 있을 때
인생은 즐거우리라

― 로버트 브리지스, 「유월이 오면」

  그 이미지가 단순 소박하여 아이들이 크레용으로 하늘 뭉게구름을 그리듯 선명하게 이미지가 떠오른다. 따로 해설이 필요 없다. 이 시를 읽는 동시에 우리는 곧바로 건초더미 속을 뒹구는 어린 날의 내가 된다.
  이 시의 생명은 건초더미에 있다.
  도시에서 나고 자란 분들은 건초더미의 매력을 알기 어려우리라.

산골짜기에서 나고 유년시절을 들짐승처럼 이 산 저 산 뛰어다니고 자란 사람은 건초더미의 냄새를 귀신처럼 맡는다. 산책길에서 스며 나오는 풀향기는 물론 풀을 베어 건초더미 수북이 쌓인 산촌을 어찌 지나치랴? 발길을 멈추고 한동안 지난날의 그 달콤했던 시간 속으로 풍덩 빠진다.

시인은 팔베개를 하고 뭉게구름의 요술을 바라보며 덩달아 무한한 몽상으로 인생은 즐거우리라고 호언하고 있다. 여기서 내 사랑은 구태여 연인만을 지목하여 상상의 나래를 지을 것은 없겠다. 그 대상이 누구든 독자가 열광하는 존재면 되는 것이다. 나는 어린 시절 짚동가리 속을 뚫고 숨기장난을 하던 때의 즐거움과 짚동가리 위에 악동들과 나뒹굴던 그 익살스러움을 익히 알기에 건초더미 근처만 가도 가슴이 뛴다.

이 시는 노년에 이른 독자에게 보내는 브리지스의 최고의 헌정이라 하겠다. 아련한 동심의 세계를 되돌려준 브리지스의 영감에 무조건 찬미할지어다.

현충일 단상

　오후에 덱크문을 고치기 위해 유성시장에서 전동 드릴러를 산 후 현충원 장군 묘역에 올라가 넷째작은아버지(沈彦峰 중장)께 배례하였다. 비석 상단에 추모追慕 리본 두 개가 붙어 있다. 육군군사경찰장병陸軍軍事警察將兵과 육군병기동우회陸軍兵器同友會가 오전에 다녀가며 표식을 남겼다. 생전에 육군병기학교 교장과 헌병대 사령관의 경력이 지금까지도 회자되고 있다. 비석 뒤의 상단에 1922년 10월 24일 충남 아산 출생 1954년 12월 19일 대전에서 별세로 새겨 있다. 하단에는 경기고등학교(37회)를 필두로 자녀까지 즉 사촌들 이름은 물론 며느리들 사위 외손들까지 차례로 명기되어 있다. 배위에는 넷째 숙모 함자가 선명하다.

　넷째삼촌 산소는 본래 용혈리龍穴里 주막거리 앞산에 자리하였다. 산지기가 살고 있어 어렸을 때 주막거리에 놀러 가면 훈련소장 조카딸이라고 나에게 더 큰 참외조각을 주었다. 내가 왜 조카면 조카지 조카딸이냐 당돌하게 물으면 순박한 아주머니는 어리둥절하여 속시원히 대답을 못하고 얼버무렸다. 우리 조무래기들은 다들 작은아버지 산소에 가서 절을 한 후 한바탕 뛰어 놀고 산지기 집에 들러 떡 부스러기 등 간식을 얻어먹곤 하였다. 전용기를 타고 가다 시골집을 선회하면 동네 사람들이 모두 나와 손을 흔들어 환영했다는 영화의 한 장면 같던 에피소드도 들었다. 조무래기들은 막연히 높은 사람이었다고 짐작할 뿐 지위나 권력의 파장을 도통 모르는 벽촌의 악동들이지만 그래도 놀기 전에 절을 해야 된다는 예절은 알았다.

1987년 5월 21일 대전 현충원 장군묘역으로 넷째 사촌들이 이관을 결단한 것은 현명한 처사였다. 작고하셨던 당시야 한적한 묘지로서 마치 투르게네프의 「아버지와 아들」의 주인공인 바자로프의 무덤을 연상시키듯 영원한 유택으로 고요했지만, 지금 동네 코앞까지 코스트코가 들어와 장사진을 치는 것을 볼 때 사촌이 이관을 결정하여 현재 대전 현충원 장군묘지 2번을 차지하고 잠들어 계신 것은 광영이다. 돌아가실 당시는 추상같은 할아버지가 생존해 계셨고 만년유택萬年幽宅으로 선산에 잠드는 것을 영예로 알던 때고, 태어난 곳에 묻힌다는 정설을 밟는 것이 불문율의 가례였으리라.

1954년 11월 19일 별세하신 넷째 작은 아버지 영결식 때 나는 여섯 살이었다. 대표로 조사弔詞를 읽다가 목이 메어 몇 번이나 멈췄다는 친구가 훗날 재상이 된 강영훈 총리였다고 한다. 나는 사랑 웃방에서 밥 먹던 군악대들이 신기해서 구경을 하였다. 절하는 어른들 따라 맨 뒤에서 절을 하는데 나보다 한 살 어렸던 사촌동생 경숙이가 초상꾼들 속에서 나를 바라보던 눈빛이 또렷하다. 아버지가 세상을 떠나는 마지막 날을 꿈에도 알 리 없던 경숙이도 휴스턴에서 벌써 소천하였다.

경숙이 운명하던 3월 나는 이상하게 악몽에 시달렸다. 누가 사람을 잡아가는데 만류하지를 못해 애를 태우며 발을 동동 구르다 깨었다. 아침에 꿈이 하도 기이하여 아산 오빠께 전화를 걸었다. 혹 집안에 무슨 일이 있느냐고. 거짓말처럼 어제 명근이가 휴스턴에서 경숙이 발인을 마치고 돌아왔다고 침통하게 털어놓는다. 정신분석이란 기치 하에 꿈의 기능까지 열을 내고 파고들었던 젊은 날 천착의 열매는 고작 경숙의 죽음의 전령사가 되어 내 무의식을 휘감았던가! 다른 대륙에 나가 수십 년을 살고 미국시민이 된 경숙의 혼이 심가沈家의 뿌리인 나의 영혼의 집을 드나들며 경숙의 떠남을 받아들이도록 고지했던 것이다.

1991년 미국 정신과학회 출장길에 휴스턴에서 일주일이나 경숙의 집에 머물면서 묵은 이야기로 밤을 새웠다. 타임지에 성공한 사업가로 숍이 소개되기도 했지만 경숙의 정신의 근간은 한국사람 그것도 강직하고 청렴한 청송심가의 자손이었던 것이다.

어느 해 여름 경숙이 귀국하여 진숙과 대전 현충원 성묘차 동행한 추억이 새롭다. 벼르던 성묘를 하고 동학사 전주식당에 가서 점심을 먹고 계곡에 내려가 발을 물에 담그고 쾌적하게 오후를 보냈다. 두 동생들이 동학사 공기와 숲속에 열광하는 것이 신기하여 "너희들도 시골을 좋아하는구나!" 감탄하니 "우리가 방학 때면 아산 큰집서 살았잖아요." 한다. 여기서 큰집은 나의 본가로서 우리 세대의 영롱했던 어린 날 스토리의 출발점은 이 사랑채의 큰아버지와 안채의 주인이신 큰어머니가 행세하던 큰집에서 비롯된다.

  2022년 6월 6일 아침, 서울에서 펼쳐진 추모식은 우비를 입고 행사를 치렀는데, 대전은 날이 개어 갑동 현충원은 더없이 청랑하다. 파란 하늘 아래 흰 뭉게구름이 피어나는데, 순간 하느님이 만드신 세상이 이렇게 아름다운가 하는 탄성이 터져 나왔다. 작은아버지 산소 앞뒤로 동료 장군들 이름이 눈에 띈다.
  대한민국 군부를 뒤흔들던 생전의 그 분들의 함성을 뒤로 두고 장교묘역 5486번 막내삼촌 묘소로 내려왔다. 심언국 중령. "2004년 미국에서 사망"이 묘비에 간결하게 명기되어 있다. 2014년 8월 15일 현충원 안장식차 연 삼 일을 잔치를 벌이듯 친척들이 모여 저녁마다 회식을 했었다. 아버지 오형제 중 아산 용와산龍臥山 자락에 위로 세 분 잠들어 계시고 아래로 두 분이 갑동 국립묘지에 영면하고 계신다.
  나는 산지기처럼 현충원을 찾아간다. 정신이 맑아지고 옷매무새를 다시 한 번 가다듬게 하는 곳 현충원에서 묵상을 하면 흘러가는 뭉게구름마저도 신비롭고 은총의 광휘로 내 의식은 명징해진다. 가뭄 끝에 내린 단비가 그친 후 오후 하늘은 청명하고 넓디넓은 묘역 숲속은 성역의 엄정한 공기가 감돈다.
  바자로프의 늙은 부모가 홍안紅顔의 나이에 부모 곁을 떠난 자식의 묘지 앞에 와서 우는 장면에 독자들은 목이 메인다. 그 바자로프 부모만큼 나이가 든 나는 사촌오빠 정근, 동생 명근에게 그리고 LA 계숙 동생에게도 현충원 사진을 보내준다. "어디 나가 살든 너희 뿌리는 충남 아산시 음봉면 산동리 804번지란 것을 명심할지어다" 봉건적인 선비 집안의 막내딸로 태어나 지금까지 눈부신 햇빛과 흰 구름과 숲속에서 터져 나오는 산새들의 합창을 오늘도 듣는 나는 부모 덕이 반이라는 말에 감읍한다.

"어느 날 당신이 부르시면 나는 머나먼 길 떠나가리."

내가 좋아하는 성가 472번 "주님 저 하늘 펼치시고"를 나직하게 부르며, 갈 때 가더라도 이렇게 아름다운 세상의 햇빛을 쬐고 있는 지금 나의 나날은 어찌나 충만한지!

헌사 獻辭
- 세종 충남대병원 개원식에 앞서

세종 충남대병원 개원식 예정(2020.7.16.)보다 미리 2020년 6월 20일 토요일 4시 HOSPITAL TOUR에 동문들이 초대되어 나도 헐레벌떡 세종시로 차를 몰았다. 회합 장소는 4층 컨퍼런스 룸. 정각에 나용길 병원장의 인사 말씀이 있고 병원 기공식부터 완공까지 각 단계의 예산 및 시설에 대한 브리핑이 있었다.

> 사업기간 : 2015~2020
> 총사업비 : 3,630억 원(공사 2,509억 원, 의료장비 등 구매 1,121억 원)
> 대지면적 : 35,261m^2
> 건축연면적 : 83,358.25m^2
> 건물규모 : 지하3층, 지상11층, 538병상

기획실 직원들의 안내를 받으며 따라다니는 우리 동문들은 감흥일색. 더욱이 11층 옥상의 헬리포트에 올라갔을 때의 통쾌함이라니! 헬리콥터는 이국종 교수의 전유물인줄 알았는데, 세종병원이 어엿하게 긴급 이송 네트워크를 구축하였다.

1층 아고라 같은 로비의 천창과 각 층 복도의 폭이 널찍하여 (spacious) 쾌적하고, 복도의 동서 벽은 통유리로 되어 있어 원수산 한

 자락이 복도 깊숙이 들어와 건너편 도담아파트와 어우러져 이웃으로 연대되는 형국이다. 병원이라면 아픈 사람이 바글바글 모여 비명이 난무하는 준-연옥(purgatory)의 고정관념이 박힌 구세대들에게 이런 에코-건축물이 주는 호사스러움은 과분하기만 하다.

 2009년 멜버른 국제학회장이었던 호텔 화장실 벽이 완전 통유리 창으로 오후 햇빛이 눈부시게 쏟아져 들어와서 넋을 잃고 멜버른 시가지 전경을 내려다보며 내심 오스트랄리안의 친환경적 설계를 몹시 부러워한 기억을 오늘 떨쳐 버렸다. 환자를 위해 햇빛과 초록 숲 푸른 하늘을 실내로 끌어 들이고자 이런 럭셔리한 설계를 택했으니, 옹색한 복도 손바닥만 한 창 대신 이런 담대한 설계를 결정한 환자 중심의 치료관은 과학적이고 인간적인 의료 서비스의 장場인 세종병원의 불멸不滅의 전통이 될 것이다.

음압병실, 완벽한 클린 존 설계로 최적한 환경 조성, 환자 중심의 Day Surgery Room, 검사/시술/수술이 동시에 가능한 하이브리드 시스템, Da vinci Surgical system을 갖춘 세종병원은 미래의 비전을 향해 백마처럼 비상할 찰나인 것이다.

2020년 11월 2일. 동문회의 그랜드 피아노 기증식을 마치고, 서린과 날뛰는 깜식과 땅콩을 끌고 방축천 수변공원을 산책하며 세종병원을 찬찬히 올려다보며, "우리들의 찬란한 미래는 우리들이 꿈꾸는 찬란한 미래에서 온다"고 노래한 오쇼너시(Arthur William O'Shaughnessy)에 새삼 공명한다.

⟨We are the music-makers⟩
우리, 음악을 만드는 사람들

그들에겐 근사한 비전이 없다네
자기들이 짓고 있는 그 근사한 집에 대해 말이지
그들에겐 비범한 예시력도 없다네
자기들이 가고 있는 그 약속의 땅에 대해 말이지

하지만 꿈꾸고 노래하는 우리들,

중단도 모르고 후회도 모르는 우리들!

우리들의 찬란함은 어디에서 오는가
우리가 내다보는 찬란한 미래에서 온다네

이 웅대한 병원은 서해안 중소도시 환자가 파도처럼 밀려오면서, 바다 건너 산동성부터 운남성으로 내려가 인도차이나 반도 환자들까지 대거 몰려와 북새질을 치르니, 비단 동북아 허브로 한정되랴? 스칸디나비안들이 노르웨이 최북단 트롬쇠(Tromsoe)로부터 스웨덴 남쪽 도시 말뫼(Malmoe)에서 날아와 세종병원에 들이닥친다는 상상만으로도 여름날 비온 후 쌍무지개를 본 듯 상서롭다.

이들은 자신들의 선조가 6·25전쟁으로 폐허가 된 코리아의 중심부인 한밭의 대흥동에다 붉은 벽돌로 병원을 지어 전상병戰傷病과 민간 환자 진료 및 의료요원의 교육훈련의 목적으로 1956년부터 1968년까지 서울 메디칼 센터와 대흥동 도립 의료원에서 우리 의료진과 함께 동고동락하며 의료 서비스를 펼친 후 일체의 자산을 이양하고 표표히 떠난 인과를 제대로 알기는 알고 있을까? 이들의 원조를 잊지 않고 서울 메디칼 센터 한 구석에 스칸디나비안 클럽을 헌정獻呈하여 칼 구스타프 16세 국왕과 실비아 왕비 사진이 인연의 띠로 걸려 있다.

옛날 담쟁이 우거진 아름다운 병원은 형체도 없이 사라졌으나, 퇴미로 이사 온 현 대학병원은 혁혁한 발전을 거듭하여 중흥의 단계에 접어들며 세종 충남대병원의 모원이 되었다. 세종 병원은 행정수도로서 시민과 각료의 건강을 돌보는 이상으로 세계 의료계의 주역이 되리니, 아마도 백년 후인 2120년에 누군가가 100주년 기념사를 쓰며, COVID-19의 창궐로 개원식을 미루면서도 신생병원의 내실에 박차를 가하는 의료진의 웅지와 공중보건의료단을 결성하여 COVID-19를 퇴치하고자 고군분투한 의료인들을 찬미할지니. 나의 이 미미한 글이 백년 후 그들의 현재완료로 당도되었음에 탄복하며 쾌재의 휘파람을 불지리니, 그 때쯤 관속의 재로 돌아간 내영혼도 「희망은 날개 달린 새(Hope is the thing with feathers)」란 에밀리 디킨슨(Emily Dickinson)의 시를 우렁차게 외치리라.

...
드센 바람 속에서 가장 감미로운 그 노래를
(And sweetest in the gale is heard;),
매서운 폭풍에도 굴하지 않고
(And sore must be the storm)
그 작은 새는 수많은 이들을
(That could abash the little bird)
따뜻하게 지켜 주리니
(That kept so many warm)
...

| 에필로그 |

겨울이 오면 봄도 머지않으리

먼저 이정은 학장님께 감사를 올린다. 뜻밖에 의학생들을 만나게 해주신 장본인이시다.

후배들 앞에 내세울 것 없는 나를 좋은 말을 들려주라고 의과대학 101호 강의실로 부르셨다. 전병화 현재 학장님의 흔쾌한 지원으로 이 책이 세상에 나오게 되었다. 부디 인술로 세상을 이롭게 하고 우리 환자들의 영적 치유까지 감당하는 등불 같은 의사가 되기를 바라는 스승애의 발로라고 하겠다.

강좌를 기획하고 조정하시느라 분망하신 강신광 교수님, 비대면 강의 준비를 해주신 조현 조교님, 의학 교실의 이예나 님의 친절한 뒷받침에 대해 이 자리를 빌어 감사드린다. 줌강의를 차질 없이 설치해준 삼양사 연구소 박동욱 부장님께 심심함 감사를 드린다. 이순옥 대표를 비롯하여 일일이 다 열거할 수 없이 많은 사람들의 피땀이 이 책에는 스며 있다. 무엇보다도 생경하다면 생경한 과제를 밤새워 읽고 글을 써서 보내준 학생들의 열정이 이 책을 만들게 한 원동력이라 하겠다.

오래전부터 약속을 해 온 책을 이제라도 내게 되니 그동안 지키지 못한 약속은 이제 사면되기를 바란다. 막상 후기를 쓰려니 만감이 서린다. 마음속에 오래 품었던 생각이 드디어 책이라는 옷을 입고 당당히 지상에 얼굴을 내밀었으니 이 아니 기꺼우랴?

COVID-19의 급습 이후 오미크론 변종의 괴력까지 덮쳐 하루하루가 살얼음판을 걷듯 조마조마한 날들을 보냈다. 마스크를 쓰고 산책을 나가면 안경에 김이 서려 안경을 벗고 다니는 불편함이라니! 혹한이 지나고 우성이산 자락으로 입춘의 양명이 깃들고 있다. 젊은 혁명가적 기질의 셸리(P.B.Shelley)가 외친 서풍부(Ode to the west wind) 5연을 인용하면서 후기를 마치고자 한다. "겨울이 오면 봄도 머지 않으리"

> 나를 그대의 수금竪琴으로 삼아다오, 바로 저 숲처럼:
> 내 잎들이 숲의 잎들처럼 떨어진들 어떠리!
> 그대의 강력한 조화의 소동은
> 양쪽에서 슬프지만 감미로운,

깊은, 가을의 노래를 얻으리. 격렬한 정신이여, 그대가
나의 정신이 되라! 그대가 내가 되라, 격렬한 자여!
내 죽은 사상을 우주 너머로 내던져 다오
새로운 출생을 재촉하는 시든 나뭇잎들처럼
그리고, 이 시의 주문으로,
퍼뜨려다오, 꺼지지 않는 화로의
재와 불꽃처럼, 인류에게 내 말을!
내 입술로 잠 깨지 않는 대지에게
예언의 나팔이 되어다오! 오 바람이여,
겨울이 오면 봄도 머지 않으리

Make me thy lyre, even as the forest is:
What if my leaves are falling like its own!
The tumult of thy mighty harmonies
Will take from both a deep, autumnal tone,
Sweet though in sadness. Be thou, Spirit fierce,

My spirit! Be thou me, impetuous one!
Drive my dead thoughts over the universe
Like withered leaves to quicken a new birth!
And, by the incantation of this verse,
Scatter, as from an unextinguished hearth
Ashes and sparks, my words among mankind!
Be through my lips to unawakened earth
The trumpet of a prophecy! O, Wind,
If Winter comes, can Spring be far behind?

2023년 새봄에

愚堂 심정임 상재

의료인문학 산책

펴낸날 2023년 5월 8일

지은이 심정임
펴낸이 이순옥
펴낸곳 도서출판 문화의힘
등록　364-0000117
주소　대전광역시 동구 대전천북로 30-2(1층)
전화　042-633-6537
전송　0505-489-6537

ISBN 979-11-87429-95-1
ⓒ 2023 심정임
저작권자와 협의로 인지는 생략합니다.
잘못된 책은 구입처에서 교환해드립니다.

|값 16,000원|